U0585679

厦门社科丛书·鼓浪屿历史文化系列

厦门市委宣传部　厦门市社科联　编

鼓浪屿人物

Gulangyu Lishi Wenhua Xilie

黄橙　著

厦门大学出版社

XIAMEN UNIVERSITY PRESS

从厦门海边眺望鼓浪屿

鼓浪石

鼓浪屿日光岩

鼓浪屿风光　黄橙　著/摄影

轮渡夜色

鼓浪屿小景

鼓浪屿与厦门市区一静一动，一旧一新，有强烈的历史感。

迷巷中的游客

老别墅的岁月印痕

鼓浪屿轮渡风光

鼓浪屿风光

黄橙 著\摄影

黄家渡码头

鼓浪屿海边

从鼓浪屿眺望厦门

总　序

　　"国民之魂，文以化之；国家之神，文以铸之。"文化是一个民族的根，一个民族的魂，是国家发展、民族振兴的重要支撑。当今时代，文化越来越成为民族凝聚力和创造力的重要源泉，越来越成为综合国力竞争的重要因素。

　　厦门是一个具有一定历史文化积淀的现代化港口风景旅游城市，物华天宝，人杰地灵，形成了瑰丽多姿的文化和丰富独特的文化遗产。鼓浪屿素有"海上花园"、"万国建筑博览"、"音乐之乡"，"钢琴之岛"之美誉，是国家级重点风景名胜区。在历史的发展过程中，近现代中西文化在这里汇聚融合，造就了一种既具有深厚的闽南文化传统，又具有浓厚西洋文化特色的文化形态和风格，是厦门独特的历史文化的浓缩和代表。

　　为进一步研究、保护、传承鼓浪屿历史文化，厦门市委宣传部、市社科联聘请生于鼓浪屿、长于鼓浪屿的福建省社科院原副院长、资深文史专家黄猷先生为总审稿人，联合组织专家学者精心策划、精心研究、精心编撰出版《厦门社科丛书——鼓浪屿历史文化系列》。丛书以史话、风光、建筑、音乐、宗教、原住民、公共租界、侨客、教育、学者等十个专题为主要内容，较客观准确地介绍了鼓浪屿历史文化和风土人情，充分展现了鼓浪屿深厚的文化底蕴和独特魅力，是一套系统研究鼓浪屿历史文化的史料读本和百科全书。相信《厦门社科丛书——鼓浪屿历史文化系列》的出版发行，对于传承、弘扬鼓浪屿历史文化和厦门特色文化，提升厦门市民的人文素质和城市文化软实力以及鼓浪屿申请世界非物质文化遗产都具有重要的意义和积极的作用。

中共厦门市委常委、宣传部长

2010 年 1 月

自　序

　　每次从鼓浪屿扑朔迷离的街巷中走出来，都有一种荡气回肠的感觉。大海就波光粼粼地漫卷在眼前，而那些点缀于绿树、草坡、高岩间的西洋别墅也成了回眸时的惊艳。

　　收藏玉石的人都喜欢岁月留下的包浆，那是流淌在玉石上的时间光泽。鼓浪屿是一座有着玉石包浆的岛屿，它的容颜虽然有点沧桑，然而它儒雅、从容、淡定的气质，如同一个人经历了富庶、荒凉、繁华、没落、重生等等世态炎凉之后，不知不觉修成了正果，拥有了可以俯瞰人生的视界和胸怀。

　　当富裕起来的人们为买奥迪还是尼桑而左右为难的时候，当全世界人民都为堵车停车而烦躁的时候，鼓浪屿人仍然坚守着百年前的徒步行走。

　　无法选择的时候，我们往往更心平气和。

　　这也让我们明白，世俗生活中被我们视为尊贵、快捷、必需的东西，其实并不如想象中的那么重要。

　　在潮起潮落中，鼓浪屿已经成为滚滚红尘中的一泓清水，一块明净。它用大海的波涛阻隔了广袤陆地上的物欲横流。它像一个善讲故事的老者，用自己跌宕起伏的身世和云淡风轻的觉悟来指引着迷途的子孙。

我行走过 52 个国家，从来没有为一个地方写一本书的冲动。而鼓浪屿是个例外，因为它是我身边的世外桃源。即使它偶尔变得俗气了，我依然认为它是瑕不掩瑜的有着玉石包浆的岛屿。

为此，我曾试图突破传统的写法，以全新的视角描写鼓浪屿风光，用无规则的一条条迷巷，作为攀援的高枝，让它们挂满生动有趣的史实和别人的爱恨情仇，挂满创意无限的时尚和飘香而来的美食……

踯躅再三，最后我还是选择了归类撰写。以迷巷、闻香、馆韵、做梦为切入点，尽量以诗意的眼光和抒情的笔触，发掘一般游人不经意、不注意、不留意的鼓浪屿风光和人文之美，让人领略并感受其间的乐趣、雅趣和情趣。

我想，鼓浪屿本身已经够迷人了，漫步其间，连方向感很强的人都可能找不到北。我就不能添乱了，我要让读者找到北，找到方向，找到自己心目中的鼓浪屿。

然后，我们相视一笑，有一种默契，一起成为鼓浪屿的粉丝。

黄橙

2009 年 12 月 9 日

鼓浪屿
风光
目录
CONTENTS

迷巷。

　　上了鼓浪屿，迷宫般的路啊，恍若背了上句忘了下句的《离骚》。星月下，只有怀着梦想的人才会一路寻来。然后，将心花绽放在露台上，海风中，寂寞里……

　　鼓浪屿的夜色比白昼美，那是喧哗散去的清幽，繁花开尽的寂寥。走在一波三折的迷巷里，心是平静的；不像走在纷繁跌宕的世俗生活中，人是孤独的。

　　花影绰约、藤蔓攀延的幽深别墅，英式的窗柱犹如长颈秀美的花瓶，粉红白点的大理石廊柱是岁月无法洗去的铅华。

　　这座任凭天风海涛轻弹的小岛，有多少绮丽的梦想，被烧制成了清水红砖，垒砌于低调的华丽、简洁的雅致中。每一颗摇曳的心都紧贴着美好的旧时光。

　　小巷深处，飘来莫扎特的钢琴奏鸣曲，若有若无的深情，哪个诗意的人又在门德尔松钢琴上谱写心曲了？这样的时刻，最好刚躺在床上，眼睛半闭着，思念才开了个头。

从龙头路到鼓新路

穿越世俗，风雅犹在

◎龙头路主要看点：

8号Baby Cat咖啡馆、街心公园旁张三疯欧式奶茶铺、95号黄胜记黄金香肉松、143号Baby Cat私家御饼屋、183号龙头鱼丸店、200号面线糊店、227号古董摊、245号1930咖啡旅馆、298号赵小姐的店、302号北仔饼。

◎鼓新路主要看点：

18号许宅、24号小白宫、27—29号杨家园、43号八卦楼（鼓浪屿风琴博物馆）、48号船屋（一楼家庭旅馆）、57号汇丰公馆、54号花堂客栈（家庭旅馆）、60号海关理船厅公所、65号陈泽覃宅、67号林祖密故居。

初次踏上鼓浪屿琴岛码头，不必茫然四顾，只要跟着最汹涌澎湃的人流走，那就是龙头路了。这条路有点煞风景的是，热情扑面的是一个大商城，叫三友。建筑风格颇为欧化，却缺乏精美，少点雅致，麦当劳大大咧咧地开在这里倒是合适。

见到三友商场往右侧走，就会通向鼓浪屿菜市场，这个市场建于20世纪80年代，一开始就以满足鼓浪屿人的口福为己任。活蹦乱跳的鱼虾、青翠欲滴的蔬菜、五彩缤纷的瓜果……

环绕着菜市场还有面线糊、北仔饼、沙茶面、糕饼店、裁缝店……

如今很小资、很有情调的咖啡馆也在附近遍地开花，比如Baby Cat咖啡馆、张三疯欧式奶茶铺、赵小姐的店等等（延伸阅读："闻香"之相关章节）。

这是鼓浪屿最具生活气息的区域。让你印象至深的是一个夜晚，路过此间，空荡荡的市场，见一个鱼贩收拾好摊子，从袋子里摸出一支竹笛，就高天流云地吹奏起来，那种旁若无人的专注和沉醉，谁见了听了，都会动容。

当然，白昼的鼓浪屿菜市场总是熙熙攘攘的，不过比起另一段龙头路的人头攒动、摩肩接踵来，菜市场的热闹就不算什么了。

另一段龙头路是从三友商场左侧蜿蜒而去的。这段路上有邮局、银行、书店、工艺品店、馅饼屋、肉松铺，细究起来都有上百年或数十年的历史。信步到三岔路处，一个麻糍摊解决了许多游客不知何去何从的尴尬。在这里吃麻糍经常要排队，叶家三代人精益求精的麻糍制作手艺，已经造就了鼓浪屿最著名的小吃品牌。细心的人会发现，叶氏麻糍是这条龙头路上唯一的露天摆摊者，那是政府特许的（延伸阅读："闻香"之叶氏麻糍）。

鼓新路风情

面向叶氏麻糍摊往右看，一个不大的街心公园里总是坐着树下纳凉、聊天、打牌的老人。那就是走向鼓新路必经之地了（从鼓浪屿菜市场走的话，有三条小巷也通向街心公园）。

经过龙头路上最市井的穿越，过五关的穿行，琳琅满目的诱惑、美味的冲击，夺路狂奔进入鼓新路，世俗的喧嚣才平静下来。

鼓新路是一段很长的坡路，再匆忙的脚步都会不自觉地慢下来。

鼓新路上，曾经为私密而垒起的老围墙再也遮挡不了的草木繁茂，它们在蓝天里恣意地舒展着，散漫地青翠着，四季在巷弄里从来就不大分明。

"小白宫！"所有路过的人都会情不自禁地喊出来，鼓新路24号的这幢富有均衡美感的别墅，每次总是这样让人猝不及防，惊艳是一种很好的感觉。

鼓新路上"小白宫"

鼓新路风情

当年别墅的主人的权势未必显赫，然而，他却是一个追求时尚或审美品位不错的人。19世纪刚风靡欧美的新古典主义建筑风格，迅速就被移植到了鼓浪屿上。房子盖好了，院落里栽下了枇杷、木瓜、龙眼等果木，人间的美好都收纳进一方天地里了。

每年春末夏初，从枇杷树上摘下来的果子剥过皮，刚含在嘴里，就发现边上的龙眼树已经孕育着更甜的果实。多么洋气的别墅啊，遗憾的是不再住着雅致的人儿了。

鼓新路上行人不多，成千上万的游客总是跟着一面又一面旗帜去著名的日光岩了。他们都是些容易迷路的孩子，听话的孩子，即使他们早已长大。只有不乖的孩子才会走自己的路。

上坡，上坡，鼓新路其实是一条蜿蜒的山路，视野越来越开阔了。在巷子的交汇点，常常能不经意地看到海，看到对岸日新月异的厦门。虽然彼此都能看到白鹭翩飞，听到涛声琴韵，鼓浪屿与厦门已经渐行渐远。厦门不再坚守什么，成片成片的旧城改造，赢得了许多喝彩。鼓浪屿总是这么淡定而悠闲，一副阅尽人间沧桑的慈祥。任风雨剥蚀，任岁月老去。走在起起伏伏的小巷里，心是平静的；不像走在纷繁跌宕的生活中，心是孤独的。

卡夫卡说：我们是误入这个世界的，就不可避免地要面对这些苦难。多么悲观的误入啊！误入鼓浪屿，面对的通常是迷乱、迷醉……人们从踏上鼓浪屿的那一刻起，都很自觉地把与苦难有关的一切放下。

黄橙 著／摄影

杨家园

地址：鼓新路 27—29 号

建造时间：1913 年前后

不知不觉已经来到杨家园门楼前。杨家园由四幢别墅组成，门牌有四块，两块在鼓新路上，编号 27—29 号；两块在安海路上，编号 4—8 号。

鼓新路边上有一条巷弄，那是通向安海路的，杨家园面向安海路的西式门楼气派而不张扬，石雕的枝叶与翠绿的树叶已经交织，有了风雨与共的默契。岁月偶尔也会在精巧的石构面前显得无力。穿过庭院，迎面就是一株高大的塔树，虬枝如结，个头都快赶上两层楼高的廊柱了，枝头依然开满了黄白相间的花儿，鲜嫩如百年前的初绽。

杨家园的罗马式廊柱

罗马式的廊柱是粉红白点的大理石，那是岁月无法洗去的铅华。英式的窗柱如秀美长颈的花瓶，半开半闭的百叶窗里是否有一双如水的眼睛，正眺望远处的波光云影？寂寞被充足的阳光晒得发烫。那些缠绵的低语写成了文字，寄走，流失……

杨家园的英式窗棂

杨家百年前就做钢铁和房地产生意，对于今日的"房奴"来说，对房地产商的赢利流程大多心知肚明。杨家一口气就为自己盖了四幢别墅，每一处都精雕细琢。

杨家园面向鼓新路的忠权楼里，现在住着一个本土艺术家林翰冰，他以各类鱼骨、龙虾须等作拼贴原料，独创了鱼骨画艺术。如今忠权楼成了他展示鱼骨画艺术、寻觅知音的个人艺术馆。你特别喜欢忠权楼前的清雅庭院，围墙边一棵高大的"洋板栗"树，门楼边一棵硕壮的龙眼树，像哼哈二将镇守着一方水土；庭院中央有一个圆形喷水池，池中央是玲珑剔透的太湖石，绿荫下、草坪上的午后时光最能诠释一个字，那就是"爽"。

杨家园里绽放着许多艳丽的花儿，几枝嫣红的三角梅都伸到围墙外了，似乎急于让路人欣赏她的美艳。呵呵，她是杨家的，也是你家的，一如鼓浪屿的温婉，只要走近她，都可以分享。

八卦楼

地址：鼓新路 43 号
建造时间：1907—1924 年
延伸阅读："馆韵"之鼓浪屿风琴博物馆

沿着忠权楼的正门，再往前走几步，就是鼓新路上最知名的建筑八卦楼了。若从厦门轮渡一侧眺望鼓浪屿，八卦楼的红色大圆顶与日光岩一样耀眼，一度它曾是海轮进出港的航标，如今它的门口挂着"鼓浪屿风琴博物馆"的牌子。

这座借鉴、融合了古罗马、古希腊、阿拉伯和中国古典建筑的多种艺术风格的别墅，内部通道呈十字形，穿行其间，恍若教堂，肃穆宁静。四周有 82 根大圆柱，像竖琴的琴弦任海风弹奏。登上顶层天台，扑面而来的是一阵惊喜，厦鼓全景，海天美色，入眼入怀。

八卦楼就像一个美丽的梦想，而追梦人叫林鹤寿（菽庄花园主人林尔嘉的堂兄），建祥钱庄的老板。1907 年春天，这个梦想启动了。立志要在鼓浪屿上盖第一大别墅的林鹤寿，在动工兴建后才发现，很多建材当地根本采购不到，得在外地特别加工，钱庄有限的银两就这样源源不断地丢进梦想的无底洞中。

骑虎难下啊！林鹤寿先以钱庄担保，接着以在建的大别墅为抵押，向一家日资银行贷款，硬着头皮也要让梦想成为现实。然而，一个理想主义者对形象工程力求完美的建造，怎能马虎了事！林鹤寿为了八卦楼先是倾心倾情，继而倾家荡产。1920年，建祥钱庄终于宣告破产！林鹤寿无颜见江东父老，远走高飞避居海外，把一幢烂尾楼留给了日资银行。

1924年八卦楼完工，成了日本"旭瀛书院"。后来，八卦楼先后成为难民收容所、校舍等，直到1982年成为厦门博物馆，八卦楼才展露出林鹤寿梦想中的迷人风采。

八卦楼远眺

有梦想有追求的人是值得尊敬的，如果没有林鹤寿挥金如土、不惜血本的造梦工程，鼓浪屿怎么可能有八卦楼凤凰涅槃般的重生！

鼓浪屿的诗情画意是许多追梦人营造的，他们将财富、爱心、荣耀……变成了质地优良的建筑构件，垒砌起美丽温馨的家园，从此，鼓浪屿这座小岛才成了人间天堂。

船 屋

地址：鼓新路 48 号

建造时间：1920 年前后

延伸阅读："做梦"之船屋家庭旅馆

绕过八卦楼，船屋就惊心动魄地"搁浅"在两条巷弄之间，那是很不可思议的建筑设计，在一个狭长的三角地带凭空制造出了无限风情。据说船屋的设计师与八卦楼的设计师是同一人，美国人郁约翰。

这是一艘正要启航的巨轮，曾经载着救世医院医生黄大辟的梦想，载着医生世家和音乐世家的美名，经历了 80 多年的波峰浪谷。

如今船屋一楼已经改造成家庭旅馆，每天都客满，来自天南地北的游客住进了船长舱、大副舱、二副舱、水手舱。住在这幢老别墅里的人是有福的，赤脚走在宽条楠木上，走在花园的红砖石径上，心与美好的旧时光贴得很近。有时，从楼上飘出如山泉越过溪谷的钢琴曲，那是屋主又在那台雕花钢琴上谱写心曲了。

鼓新路上，有一幢别墅适合遥望，那就是悬崖上的汇丰公馆，它宛如一台白色三角钢琴，任天风海涛轻弹。1876 年汇丰银行经理买下这个绝壁上的地皮时，或许并不在乎它的诗意，而在乎它的安全。每天与金钱打交道的人，高枕无忧，睡得安稳才是第一追求。

眼看着鼓新路要走到尽头了，一分为三的岔路延续着这份婉约的古雅。左拐通往笔山路，前行是内厝澳路，右拐是三明路。

如果走累了，就近步入鼓新路 54 号花堂客栈，喝一杯蓝山咖啡，欣赏几幅油画，或者干脆就在这里住下来。

花堂客栈的前身是一对医生伉俪温馨的住家，多年前其后人将破败的别墅卖了，遂被新主人全面翻新，连阶前的葡萄园也改成小桥流水的园林，花草仿佛也是新种的。有人痛恨，有人理解，就像观众刚看完吴宇森的《赤壁》，都有几句话不吐不快（延伸阅读："做梦"之花堂客栈）。

船屋

从安海路到笔山路

寂静深处，风骨隐约

◎安海路主要看点：

4—8 号杨家园、14 号厦门二中（原英华书院）、34 号西欧小筑、36 号番婆楼（一楼花时间咖啡馆）、38 号钻石楼、44 号宾悦旅社、55 号宜园（时钟楼）、69—71 号三一堂。

◎笔山路主要看点：

1—3 号会审公堂、5 号林文庆别墅、6 号观彩楼、9 号亦足山庄、11 号原夜百合旅馆、17 号春草堂、19 号许斐平故居。

走完鼓新路，可以左拐到笔山路，然后再左拐到安海路的。但是，这样走有一点不好，像是甘蔗从头吃到尾，越吃越没有味道。

还是从杨家园边上那条小巷开始吧，把高潮往后放，这样似乎更符合人的审美追求。

安海路曲折、起伏、幽深。从杨家园下坡，一路上都是"红杏出墙"的绿蔓藤萝。"厦门第二中学"的波浪尖顶门楼后，隐约着新校舍的时尚身影。你必定无法想象它曾

安海路

有过多少跌宕起伏、光辉荣耀的岁月，这个中学的历史可追溯至创建于1870年的毓德女学和创办于1898年的英华书院，那都是厦门早期最有影响的新式学校。

在二中门楼正前方30米处，安海路折了一个90度的弯，西欧小筑、番婆楼、钻石楼的神秘面纱就这样被轻轻地掀开……

番婆楼

地址：安海路36号

建造时间：1927年

延伸阅读："闻香"之花时间咖啡馆

如果将时间往回拨80年，安海路的不少居民会讲英语，只是口音大多带有闽南腔调（俗称"地瓜腔"）。不过，当时有一个老太太是连"地瓜腔"英语也不会说的，她就是旅菲华侨许经权的母亲。

1927年许经权在鼓浪屿为母亲量身定制，建造了一幢中西合璧的"地瓜腔"别墅，极具创意。先说它无比气派的雕花门楼吧，在洛可可式风格的大门雕花铁饰中写上"福"字，一正一反，寓意进门见福，出门也见福，老母亲看了必定喜欢；清水红砖拱券回廊的法式主楼前侧，修筑了大面积的假山和江南园林的花

番婆楼

式隔窗，虽然见过世面的许经权也觉得怪异，然而，一切要从孝
心出发，从老母亲喜爱的角度出发。在这样的审美定位下，洛可
可式风格的廊柱上出现了张着翅膀的小天使映衬着顽皮的猴子；
欧式前庭有了中式戏台，让老母坐在二楼宽廊上看高甲戏，喜欢
什么就点什么，颇似在 KTV 包厢手里拿着一个万能的遥控器。

孝心犹如圣火，举过它的人都觉得很快乐，许经权的兄弟姐
妹也一起感受着这样的快乐。他们争相给长着一张中国脸的老母
亲穿南洋服饰，一身的珠光宝气，一望便知儿女在海外赚了很多
钱。鼓浪屿是弹丸之地，许母很快就成了名人，被戏称为"番婆"，
直译成普通话就是"女老外"。而许家别墅的原名亦渐渐为人们所
淡忘，番婆楼成了鼓浪屿上众人皆知的别墅，知名度可比鼎鼎大
名的八卦楼。

许经权的母亲是幸福的，番婆楼成了鼓浪屿最生动的"孝心
楼"。许经权孝敬母亲的故事在他的晋江老家更是路人皆知，连县
志都要记上一笔。

走过番婆楼，人们早已忽视了它"地瓜腔"的喜剧效果，喜
欢它是因为仿佛目睹儿子对母亲无微不至、体贴入微的孝敬，这
样其乐融融的亲情人人都渴望拥有。

紧挨着番婆楼的是钻石楼，立面有折叠感，空楼的高墙上披
挂着葱绿的常青藤，显得沧桑而傲气，大有"我是钻石我怕谁"的
气概。绕过钻石楼，路的尽头就是稳重大方的粉红的三一堂。

三一堂

地址：安海路 69—71 号
建造时间：1934—1945 年

即使你不是一个基督教徒，这里也是一处能让你心灵宁静下

三一堂

来的地方。

　　不管在哪个年代，人类都要面对自己的灵魂，叩问生命的意义。至少基督教让 20 多亿人获得了答案（若将 2000 年来的基督教徒累计起来，远远要高于这个数字）。

　　三一堂始建于 1934 年，因施工技术难题，直至 1945 年才完全交付使用。三一堂是个有趣的名字，它由数字构成，与地名无关，令人无法一下子判断它属于哪个宗教。查找资料才明白，它是由英国长老会的厦港堂、美国归正会的新街堂和竹树堂的鼓浪屿信徒联合出资建造的，是三堂合一的意思。呵呵，有些东西很简单，当你不知道原委时就觉得它好复杂。

三一堂的建筑风格也体现了"三合一"的意味，更蕴含了圣父、圣子、圣灵三位一体的教义。它有三面山墙，每一面都有三道高达三米的大门，呈三角形的三面山墙簇拥着正中央突出于屋顶的八边形钟楼，构成了一个完美的整体。

有一天你漫步到三一堂，里面正在做礼拜。有教友很热情地招呼你坐在一张空凳子上，并递来一本《圣经》。他们正跟着牧师诵读经文。

牧师：耶和华是我的牧者，我必不至缺乏。

教友：他使我躺卧在青草地上，领我在可安歇的水边。

牧师：他使我的灵魂苏醒，为自己的名引导我走义路。

教友：我虽然行过死荫的幽谷，也不怕遭害。

……

其实，你不是来洗礼心灵的。你坐在这个能容纳千名教徒的教堂里，欣赏着教堂与众不同的内部结构，有许多吊扇从教堂宽阔的顶棚垂下来。那是一个大穹顶，状若喇叭，应有丰富的声学效应。遥想殷承宗、许斐平、许斐星等著名钢琴家年少时都曾在这里为唱诗班伴奏，钢琴收藏家胡友义的音乐启蒙也源于这里。事实上，整个鼓浪屿的音乐传统都始于教会的赞美诗。

三一堂边上有一条缓缓上升的小路，那就是以清高隐逸为特色的笔山路了。如今越往笔山路深处走，绿荫越浓密，巷弄越寂静，荒草也生长得更加无拘无束，连大块石头垒成的墙体上亦能看到它们青葱的身影。

此时若有几声鸟鸣，必定能切入你的心野，回荡着，直至化作你温情的眼神。

因为位于高处，笔山路的别墅大多能看到近处的海，远处的山。当年有那么多名流富豪将宅邸寄托于笔架山上，必有它令人沉醉的妙处。

林文庆别墅

地址：笔山路 5 号

建造时间：1915 年前后

　　林文庆别墅高高在上，刚烈而孤傲，带着学者不容置疑的矜持和操守。即使今日别墅已窗门不整，环境荒芜，放在院里的名牌浴缸也种上了无名花草，这座私立厦门大学第二任校长的别墅还是风姿绰约，那是骨子里的美！

　　二三十级花岗岩磴道从两侧升延到别墅主房的大平台上，这样的高处，恰好纵览海天美景，远处的厦门岛和碧波荡漾的大海，近处的古榕和恣意生长、花期不断的植物，都成了一位学者的生命点缀。林文庆每天要走好几里路去码头坐船到厦门大学主持校务，然而，为了享受晨昏"独占鳌头"的感觉，他从不嫌累，16 年如一日。

　　笔山路窄小弯曲，绿意盎然，即使是炎炎夏日，一拐进这样的路口就有秋凉之意。无论寒暑，林文庆都要经过这条巷弄，绕过会审公堂，奔波于别墅与码头之间。作为厦门大学校长，林文庆不时要在别墅里接待社会名流，宴饮酬答。寂静的深夜里，他或研究医学难题，或编辑英文期刊《民族周刊》，或为厦门大学前程运筹帷幄。仿佛这幢别墅也成了文化和学术的载体，成为林文庆生命和精神不可分割的一部分。

　　林文庆出生于新加坡的华侨家庭，后成为医学专家，曾受聘英国剑桥大学研究病理学，当过孙中山的机要秘书和卫生部长等职。林文庆与侨领陈嘉庚的私交甚厚，他的多才和高尚的人品深为陈嘉庚所敬重。创办厦门大学，陈嘉庚选校长时想到了这位既有学识，又有办学经验的老友。1921 年 7 月 4 日，林文庆上任，马上宣布要把厦门大学办成一所"生的非死的、真的非伪的、实

会审公堂

的非虚的大学"。

　　为了厦门大学的成长,林文庆付出许多。在经济困难时期,他搭进了自己的薪水和积蓄,最后连大部分遗产(包括这幢别墅)也捐献给了厦门大学。他所确立的"止于至善"的厦门大学校训,恰好与他的办学热忱和治学精神交相辉映。

　　爱一个人,与爱一所大学,是相似的,都是因为一种无法自控的痴迷,愿意付出所有。

　　林文庆别墅雄踞高处的孤傲,仿佛不仅仅是一种建筑气势,而且一种 16 年晨昏相守所孕育的学者气质,至今依然接受着天风海涛和岁月的洗礼。

亦足山庄

地址：笔山路9号

建造时间：1925年前后

　　顺着林文庆别墅面海的围墙，往笔山路高处走，很快就见到了亦足山庄壮观的西方艺术门楼，这种以希腊柱式，浮雕花草环环点缀的门楼本已奇异，更奇异的是大石阶两侧的花坛石凳，像曲膝列队迎宾的奴仆，让你怀着无限的荣幸和欢欣，款款而上，一直步入四根通天大圆柱正面支撑的大客厅。

　　亦足山庄给人的第一印象，像个大公馆；第二印象是主人的艺术品位不俗。除了处处精雕细琢，将一幢别墅弄得像西方雕塑艺术馆；他能将别墅取名亦足山庄，也表明他不是只懂得赚钱，不懂得精神享受的人。一个拥有如此豪宅而不知足的人，恐怕一生都没有快乐可言了。

亦足山庄

原以为他应该是一个有精彩故事的名流,然而,史料中关于亦足山庄主人的记载几乎是空白,只知道他是同安籍的越南华侨,姓许,名han,到底是汉、阚或别的同音字,语焉不详。

你想,如今的富豪都喜欢迎娶影视明星,让亿万家财与风流美艳粘连在一起,迅速占领了娱乐报刊的头条,从此便载入了正史或野史。相比之下,亦足山庄主人更像个富豪中的隐者,后人即使艳羡他,也无迹可寻。

如今的亦足别墅虽然已经华发苍颜,然而,它原始的流畅舒展和抒情韵律还在,在芳草间挺立的灯柱虽然没有了璀璨的灯盏,依然向着虚空的蓝天伸展着它的卷曲花枝。恍惚间,你觉得这就是一种知足常乐的豁达。有了它,寂寞才会如此美丽!

原夜百合旅馆

地址:笔山路11号
建造时间:20世纪20年代

比起亦足山庄来,与之相邻的11号别墅可谓小家碧玉。然而,关于它的传奇却为知情者津津乐道。

鼓浪屿的夜色比白昼美,那是喧哗散去的清幽,繁花开尽的寂寥。怎样的凋谢能像吉光凤羽那样令人过目不忘?夜百合,起得多好的名字啊,代表着鼓浪屿家庭旅馆非凡品位的它,竟悄然凋谢了,宛若它悄然的盛开。

夜百合是两个男人的梦,与男欢女爱的梦有点不同。低调的华丽,简洁的雅致,有伯牙与钟子期的春秋乐韵。旧家具都从北京潘家园淘来,千里迢迢运到厦门,再雇了板车拉到鼓浪屿最深的巷弄里。

夜百合的每个房间都有七八平方米的现代浴室,高而宽,若有乐曲传来，或可跳个水上芭蕾。建筑的奢华最好不看大堂，看浴室；犹如人的整洁最好不看脸蛋，看手指。

上了鼓浪屿，要找到笔山路颇费周折，迷宫般的路啊，真像背了上句忘了下句的离骚。夜百合开在这样的深巷里，是对世俗喧嚣的拒绝，只有怀有梦想的人才会一路寻来。然后，将自己的心花绽放在露台上，海风中，寂寞里。

夜百合凋谢的原因有多种说法，有的说屋主卖了这幢别墅；有的说两个爱着的男人忽然不爱了……如今漫步到笔山路，11 号门就这样紧闭着，一副不与人言的冷漠。或有花香袭来，那已经不是百合的香了。

观彩楼

> 地址：笔山路 6 号
> 建造时间：1931 年

在亦足山庄与夜百合旅馆之间有一条植被纷披的登山小径，有点气喘地走到笔架山顶，眼前就是风光无限的观彩楼了。

说观彩楼风光无限，既指它别致独特的建筑造型（屋顶四周弧线流畅，形如中国花轿；门柱为绞绳状，新颖别致，有西班牙风韵），也指它推窗可观赏落日彩霞的优越位置。

观彩楼建于 1931 年，原为荷兰工程师的住宅，1941 年卖给丁玉树，1944 年丁玉树再转卖给上海固齿龄牙膏厂老板陈四民，作为其消暑避寒之场所。不到 14 年，观彩楼就换了三个主人。犹如旧时代的风尘美人，不被明媒正娶为妻，却以妾的身份在富人之间流转。装饰效果特好，颇有西欧风格。

观彩楼的承建者是许春草营造公司，许春草这个人有传奇色彩，从鞋铺学徒、泥水工，到建筑公司老板、厦门建筑公会会长，

春草堂

并追随孙中山,曾一度当上了"福建讨贼军总指挥"。1931 年他替人盖了观彩楼后,次年就在观彩楼二十米外给自己盖了一幢八面风光的别墅——春草堂。

临崖而筑的春草堂外观也很奇特,看上去质朴天然,不假雕琢,无论是作墙基和廊柱的花岗岩石都以粗砺的原貌示人,给人粗犷厚实之感。因为地处笔架山顶,四周景观都非常迷人,尤以西海域风光最佳,嵩屿、大屿、猴屿、火烧屿尽收眼底。

春草堂后面就是许家别墅,是著名钢琴家许斐平的故居。每次路过越来越僻静的笔山路深处,就会有一种人生的苍凉感摇晃在心头。记得 2001 年 12 月 4 日我刚从深圳出差回到厦门,很意外地接到市文化局副局长长叶之桦的电话,她带着感伤的声音说,为了纪念 11 月 27 日因车祸不幸遇难的许斐平,厦门市要举办许斐平追思音乐会,希望我能为这次音乐会写一首诗。对许斐平的英年早逝,我本就心存哀戚,当晚诗如泉涌,写下了《有一种爱永不会缺席》:

夜深了
世界变得如此宁静
月光，水一样湿了我的眼睛
那是音符
那是你的琴声
那是音乐的力量
三角梅似地开遍了我的心野

有一场雨来得突然
所有的人都感到
心底最脆弱的琴键被敲响
这是你生命奏鸣曲的最后一个乐章
一个令人心疼的乐章

天冷了
故乡的树依然绿得像春
像每一次归来时向你张开的双臂
有一架钢琴
有一缕烛光
如往常一样
如母亲的双眼一样
等候着

涛声由远及近
心岸上已经布满了浪花
只想对你说
有一种爱永不会缺席
有一种琴声

会像时光一样
流淌成永恒

　　有人说，鼓浪屿像迟暮的美人，总带着些许的忧伤，它可能来自于那些荒芜的庭院、失修的老宅，也可能来自于一个可亲可敬的人的突然离去。

许斐平故居

从泉州路到鸡山路
曲径通幽，琴音悠扬

◎泉州路主要看点：

51 号懒人与海贝壳工艺品店、54 号林氏鱼丸店、73 号秋瑾故居、66 号悠庭小筑、70 号宁远楼（卢嘉锡故居）、72 号版筑传芳、82 号林屋、83 号韩氏杂货店、99 号金瓜楼。

◎鸡山路主要看点：

1 号伦敦差会姑娘楼（喜林阁咖啡旅馆）、4—8 号伦敦差会牧师住宅楼、12 号卓全成宅、16 号殷宅（殷承宗工作室）、18 号安献堂。

有驴友这样赞美鼓浪屿："朝至鼓浪屿，夕死可矣。"你觉得非常不妥，理由有二：一是鼓浪屿虽小，但不能一日游遍，朝至夕死留的遗憾太多；二是遇见一个心仪的地方，犹如邂逅梦中情人，要陪着她慢慢变老，怎能只顾自己一次爱个够，完全不在乎她的感觉呢！建议这位驴友向 Air 夫妇学习，喜欢鼓浪屿，就举家迁徙而来。

在鼓浪屿只呆一天的人，通常是不会走泉州路的，因为在路口，你只能看见一些商铺，经营着珍珠项链、鱼干、肉脯和烧肉粽等等俗物，全然不像笔山路、鼓新路曲折幽静，常有艳光闪烁，仿佛身体被施了魔法，一路都像走"怪坡"，明明是令人喘息的上坡路却走得像下坡路一样惬意轻松。

在鼓浪屿呆两天以上的人，肯定会到泉州路走走，为了吃 54 号小院里的林记鱼丸，或者想搬到 66 号悠庭小筑住一夜，总之不大把泉州路当作景点来逛，更不把它当作鼓浪屿这部交响曲的前奏来欣赏。

倘若你不是"朝至鼓浪屿，夕死可矣"的速食主义者，那就分点闲情给泉州路吧！当一种漫步里有融会贯通的愉悦，有一种穿越里有柳暗花明的快感，你就会发现泉州路是多么神奇，多么重要。

从龙头路的街心花园旁，绕过小摊贩深情的注视和招呼，泉州路就平坦地铺展在你的脚下，当然这样的平坦和爽直不会延续很久，一小段也弥足可贵了。

懒人与海贝壳工艺品店

地址：泉州路 51 号
延伸阅读："做梦"之琴海庄园

对美艳高度敏感的你第一次停下了脚步，这是非同寻常的逗留，因为你从来对路边的工艺品店不屑一顾，而此时此刻你竟然眼瞳放大，嘴角挂着一丝微笑。这家贝壳工艺品店的商品陈列与灯光布置，充满了春光四溢的艺术感，五彩斑斓的贝壳门柱和门楣太招惹眸光，让人有挖走几枚的冲动。老板早已防患于未然，用白水泥牢牢地把数百个贝壳"钉"在墙上了，眼馋可以，挖走没门。唯一能做的是进店里瞧瞧，把贝

懒人与海贝壳工艺品店

壳镜框、贝壳花瓶、贝壳箱柜等宝贝明媒正娶回家。

你见过很多贝壳工艺品，不是串得像新疆烤肉串一样，就是堆砌得像满头鲜花的傻姑，技术含量明显偏低，而这家贝壳小店却独树一帜，特别在花瓶设计上更是令人耳目一新。线条诡异的白色花瓶素胚烧制好之后，才往瓶颈或瓶身上粘贴五彩贝壳，二度创作的艺术空间很大，只要制作者有高雅的审美，懂得国画留白的妙处，就能善用贝壳上的天然纹饰，在白色花瓶上拼贴出妍丽媚人的图案。比如你就惊喜地看到一只花瓶秀颈上环绕着一圈小巧的红花宝螺，多像焕发出奇光异彩的宝石项链哟！而白色藤编箱柜上那一列涡螺镶嵌而成的把手，更是令人拍案叫绝！

这家叫懒人与海的贝壳小店，让你眼热了好一阵子，你猜想这样雅致的小店背后必定有一个风华正茂的丽人，是她赋予小店如诗如画的品位。你倾慕这样的女子。售货小姐告诉你，沿着泉州路走到尽头，拐入鸡山路，找到琴海庄园，里面的地主和地主婆就是本店老板。后来，你真的搬到琴海庄园住了一夜，才知道这个贝壳小店是地主婆的心头肉，她花了不少心思来经营它。

在地主和地主婆的理想中，懒人与海不应该只是一个工艺品店，它或许该成为琴海庄园的前台，自助旅行者的歇脚处、情报站……这是地主与地主婆的另一个梦，梦想的蚌壳一旦粲然打开，就会放射出耀眼的霞光来。

韩氏杂货店

地址：泉州路 83 号

顺着泉州路走下去，你发现了一家杂货店，它不以琳琅满目的商品迷人，却以老板的风采和传奇身世吸引人。这个老板姓韩，六十来岁，无论春秋，喜系红领带，里面必定是洁净的白衬衫，极像旧上海的绅士。与他的文雅举止反差较大的是，他卖的东西都属于地摊货：贝壳项链、风铃、椰壳工艺品、遮阳帽、鱼干等等，门框上还醒目地写着"水电安装"四个大字。他有一个弟弟在龙头路卖古董，也是西装革履，一头金发，都像腰缠万贯的富人。

没错，他祖上曾阔过，在犹太人中也属于殷富人家，自从经历了纳粹德国对犹太人的大屠杀和欧洲的排犹浪潮，一切都发生了改变，犹太人颠沛流离于世界各地。五十多年前，父母带着兄弟俩漂泊到了鼓浪屿。作为牙医兼传教士的儿子，他们在漫长的人生风波中备尝到的酸甜苦辣，不是一帆风顺的你可以想象。

天气暖和的时候，老韩常搬一张小凳坐在门口，屋里飘出悦耳的音乐。

他是有信仰的人，知道精神的丰盈比物质的富足更重要。岁月让他苍老，那是有序不乱、身心整洁的苍老，没有无奈和怨怼，只有认命的宁静和安详。

泉州路

过了韩氏杂货店，再走几步就到了一个岔路口，右边是安海路，左边是泉州路的延伸，顺着这个延伸再走十几步就是极具希腊风情的悠庭小筑了（延伸阅读："做梦"之悠庭小筑）。

金瓜楼

地址：泉州路 99 号

建造时间：1922 年

金瓜楼的出现犹如扑进视野的艳光，它恰好是在泉州路的一次拐弯后冒出来的。

不知为什么，你见到金瓜楼就会想起距此不远的番婆楼，它们都有大雅大俗的特色。大雅体现在别墅主楼，装饰极尽洋气，而金瓜穹顶的建筑造型和橙红色的色泽，让人想到佛罗伦萨的教堂风采，内行的人说那是洛可可风格的；大俗体现在歇山顶的门楼上，门楼顶饰是绝对的闽南建筑风格：正脊如向两侧蜿蜒的花草，到两端时挣脱了束缚，恣意地翘成蔓卷的茎枝，檐边四角亦如卷曲的花草与之呼应。

这是建于 1922 年的老宅了，曾是菲律宾华侨黄赐敏的家。16 世纪菲律宾就成了西班牙殖民地，当地华侨较早受到西

金瓜楼

方文化的影响，在中西结合上自有一套审美情趣。例如，喜欢在素洁的欧式廊柱上弄出松竹梅的浮雕，这种富有中国文化内涵的植物浮雕简直到了无孔不入的地步。中国人喜欢热闹，花花绿绿的，表明你装饰过了；如果白白净净的，邻里还以为你没钱装修呢。大家都这么想，这么做，就会形成装饰的风潮，金瓜楼就是这一风潮的经典产物。

金瓜楼周围有一群漂亮的老宅，对面 72 号版筑传芳、70 号宁远楼（著名科学家卢嘉锡故居）至今人丁兴旺，与之相邻的 101 号、103 号别墅亦是中西合璧的尤物。101 号廊楣上的梅花鹿、绵羊浮雕栩栩如生，令人怜爱。绝妙的是，为了衬托石雕白皙的质地，其周边以黑水泥抹底，有黑白绘画长卷的视觉效果。

泉州路至此，恰好被永春路与安海路截断，有点像陕北民歌接近尾声时出现了休止符，人们正想鼓掌时，突然一个高亢的激越的"拉魂腔"响起来了。泉州路上的"拉魂腔"就是林屋。

林 屋

地址：泉州路 82 号
建造时间：1927 年

林屋的门牌号居然是泉州路 82 号，很不可思议吧？举个关于族谱的例子，你就知道这是不奇怪的。比如你祖父有一个弟弟，他早婚早育，他的后代也早婚早育，他已经四代同堂了，你家才三代同堂。一条路的门牌按一边单号、一边双号编排，结果就是这样。单号已经编到 103 号了，对面双号才 76 号。也难怪泉州路的尽头是一幢傲然向阳的 82 号林屋了。

谁都得承认，泉州路这个尾收得漂亮。这是北欧格调的别墅，林屋与鼓浪屿追求拱券宽廊、高大立柱的众多别墅有明显的不同。

它的屋顶上红色嘉庚瓦像锦鲤身上鲜丽的鱼鳞，半圆突拱窗恍若锦鲤鼓起的大眼睛；建筑立面上开了许多形状各异的窗户，不讲究对称，大小也不一致，在审美上总给你些许意外；观景廊的柱子与栏杆都中规中矩，没有雕花，没有拼图，以自身的端庄稳重来映衬波澜起伏的屋顶风情。烟囱本是碍眼的东西，然而，林屋的烟囱如同库克船长随身携带的银色酒壶，立在红色坡折屋面的边缘，想象它云烟袅袅的模样，必定美不胜收。

如果给别墅划分性格特征的话，林屋是属于率真、耿直的，该突起的地方就突起，该收进的地方就收进，富有变化又互相照应。它不追求外表的豪华和富丽，更注重居住者的舒适和方便，优先考虑室内采光、通风、空间感等等。这是一幢更人性化的别墅，因为摈弃了外观上的炫耀，从而回归了住宅的本质——温暖舒适的家。林屋建于1927年，是由新加坡华侨林振勋兴建的，而设计者是他的儿子林全诚。

如今，数十棵亭亭玉立的柠檬桉已经长得比林屋还要高了，站在林屋的三楼窗户眺望日光岩，得透过一根根银色光洁的柠檬桉树干，原本险峻刚烈的山崖，因为这样修长优雅的分割而变得亲近起来。

如果换一个视觉角度，你会怎么打量林屋前的这一片风景呢？

游览完日光岩，从西林后门出来，你一定会感到迷惘，因为你面对的是鼓浪屿罕见的十字路口，鸡山路、泉州路、晃岩路和鼓声路在这

林屋

里交错。如果你想去海边听涛，顺着鼓声路而去一定没错；如果你要回轮渡，无论走泉州路还是晃岩路都将殊途同归。只有往鸡山路，是你需要稍加斟酌的。通常走这条路的游客，要么为了到著名钢琴家殷承宗旧宅朝圣，要么就是为了找个清幽处住下来，过几天与世无争的寂寞日子。

你不是为了朝圣名人旧宅，寻找度假屋，你只是一个好奇的漫步者。曾以为笔山路是鼓浪屿最寂静的路了，直到进了鸡山路，才明白寂寞可以这么漫无边际。

在你看来，别处刮台风时，鸡山路的树梢也是纹丝不动的。这里该出哲学家的，偏偏出了钢琴家。

伦敦差会姑娘楼

地址：鸡山路 1 号

建造时间：1844 年

延伸阅读："闻香"之喜林阁

旧时的伦敦差会姑娘楼，现在的喜林阁咖啡旅馆，美得让人心生暖意。它端坐在鸡山路口，只要你望它一眼，视线就不会再离开。

开始你以为，喜林阁的拱券长廊宽阔得轻易就容下了你的惊诧和舒适，绕屋一周的漫步很快就成为你戒不掉的嗜好。接着你才发现长长的鸡山路啊，才是你走向大海的最诗意的序曲，鸡山路的全程漫步才是你戒不掉的嗜好。

从伦敦差会姑娘楼进来，鸡山路 4 号至 8 号的老宅里古榕参天，有男子在庭院里扫着一地的枯叶，榕树给人的感觉是四季苍绿的，然而它也有自己的新陈代谢，只是不怎么引人注目而已。此时引你注目的是一个女人的脚，翘着；一手报纸，一手蒲扇；

　　印象中这份心无挂碍的悠闲，只有隐士才能享有。从资料上获知，这几幢老别墅原来都是教会的牧师楼，虽然故人已去，但历史沉淀下来的古雅和悠然，也陶冶了后来的房客。按中国传统文化的说法，这是生命持续流动的气场，藏风聚气之中，生活其间的人都获得了这一方山水赋予的神奇能量。

　　鸡山路的坡道是舒缓柔美的弦乐，偶尔有落叶从脚边飘过，像记忆中跳跃而过的只言片语。坡上有一幢老楼，给人庞大结实的感觉，方正的结构，连排的窗户，办公大楼的模样，你很难想象它就是厦门商界奇才卓全成的宅邸。卓全成经营的同英布店在乱世之中依然保持日进斗金的赢利，财富背后有多少胆识、谋略、机缘，如今已经扑朔迷离。只知道卓氏家族在鼓浪屿曾有42座房产，在厦门和漳州还有数十座房产，而自己却住在偏僻的鸡山路，宅邸亦不华丽。无论过去和现在，真正的富翁都不算多，富而不炫的富翁就更少了。

　　绕过卓全成宅栽满番木瓜树的庭院，殷宅的红瓦石屋就映入眼帘了。

鸡山路古榕参天

殷宅

地址：鸡山路 16 号

建造时间：1925 年

　　殷宅掩映在一片翠绿之间，当琴声响起时，每一枚绿叶是否都化作跳跃的音符？这是著名钢琴家殷承宗青少年时住过的地方，如今成了殷承宗工作室，然而一年你几乎见不到他的身影。算来他已年愈花甲了。不过再老的大雁，也是属于天空的。

　　殷家的历史有点复杂，许多人都讳莫如深。一是因为殷承宗的父亲殷雪圃曾是日本人扶持的厦门劝业银行的首任董事长，当年被爱国志士刺杀未遂；二是因为殷雪圃有两房太太，大妈育有五个子女，殷承宗母亲育有九个子女，殷承宗在九个孩子中排行第七，从小没有得到多少父爱。难道将真实的家史说出来，会让殷承宗璀璨的星光暗淡下去吗？事实上，殷承宗的刻苦和勤勉，与他复杂的身世密不可分。1950 年，9 岁的殷承宗举办了一场钢琴独奏音乐会，初衷也是为了解决家庭生活上的困窘。

　　如今的殷宅寂静、安详，像阅尽沧桑却童颜鹤发的老者。

　　这幢原叫圃庵的别墅，是殷雪圃与原配夫人生的儿子殷祖泽设计的。殷祖泽这个人物在殷家真是昙花一现，30 岁就因肺结核死掉了。他来这个世上的目的，仿佛就是为了给父母和兄弟姐妹建个安乐窝。他先到美国学土木工程，毕业后回国受聘为燕京大学教授。殷祖泽很有自己的审美，不爱红砖爱石头，整幢花园别墅外墙都用白色花岗岩垒砌，配以窗框与屋顶的红色，外观显得非常粗犷大气，更因地势的变化，草坡林木的掩映而显得风情无限。

　　1944 年，殷承宗 3 岁，他的姑姑殷碧霞（私立厦门大学第二任校长林文庆的夫人）要搬家，将钢琴寄放在殷宅。殷承宗搬了

殷宅掩映于绿树繁花中

张小凳子，坐在钢琴旁听姐姐弹奏，听累了就在钢琴旁打盹，醒来后再接着听。日积月累，就把乐谱都听熟了。对很多中国人来说，西方古典音乐是较难欣赏和接受的艺术，然而，对于从小就在三一堂接受西方文化洗礼的殷承宗来说，音乐是无与伦比的心灵享受，是无法抑制的生命激情……

这是一份钢琴神童的履历：

6岁能在钢琴上弹奏中外名曲；

9岁在毓德女中礼堂举办个人钢琴独奏音乐会；

14岁考进上海音乐学院附中；

16岁考进中央音乐学院；

20岁获得柴可夫斯基大赛亚军。

殷承宗是当代中国最负盛名的钢琴家之一，他不仅是西方音乐的优秀诠释者，而且创作了许多著名的钢琴作品。他用钢琴演绎了京剧和中国古典乐曲，钢琴伴唱《红灯记》、钢琴协奏曲《黄河》的创作和演奏，使他成为家喻户晓的钢琴家。如今殷宅里陈列着他的获奖唱片、照片和海报等等。如果你路过，见到殷宅大门开着，就要毫不犹豫地进去参观，因为这样的机会就像买体彩一样，中奖的概率是很低的。

过了殷宅，鸡山路就越发寂静了。不要说鸟鸣山更幽，就是虫鸣也是如雷贯耳的。

榕树的生命力强得有点烦人，要是不修整，它们就会肆无忌惮地在鸡山路上炫耀如帘的苍髯。它们真的有资格说，世上无难事，只要肯登攀。

在鸡山路与鼓声路的交界处，榕树干脆把一块硕大的岩石包裹起来，倘若石头有知，岂不被爱得窒息？自然界最顽强的东西表面看起来都是柔弱的，比如水，比如树根。

过了安献堂，基本上没有了人迹，假日的鼓浪屿即使别处被挤爆了，还会有像鸡山路这样的几条小径恬静得令人吃惊。你想，这才是鼓浪屿的心灵之地，没有浮躁和焦虑，只有怡然自得和泰然自若。

对于音乐达人来说，鸡山路不是一条寂寞无边的小路，秋天有无数的落叶在地上舞蹈，春天有无数的小花开满枝头，连榕树的长须都像珠帘一样随风飘拂。你必定能听见大自然的呼吸和呢喃，还有草尖树梢摇曳的动听旋律，甚至你可以隐约听见殷承宗弹奏的钢琴曲，那是一直在你的心灵里低回着的天籁之音。

在鸡山路的尽头，就是波涛汹涌的大海了，那是所有音乐的起源与归宿么？

从晃岩路到永春路

小径如歌，奢华如梦

◎晃岩路主要看点：

鼓浪屿音乐厅、人民体育场（番仔球埔）、25 号黄家花园、30 号厦门货币文化馆、38 号原德国谦记洋行、40 号福音堂、47 号林巧稚故居、56—64 号日光岩寺。

◎永春路主要看点：

14 号西式民居（鼓浪屿中国雕塑艺术馆）、51 号民居边上小巷可拐进日光岩寺、69 号"三让遗风"民居、71 号瞰青别墅、73 西林别墅（郑成功纪念馆）。

晃岩路到永春路是鼓浪屿最热闹的巷弄了，上了鼓浪屿的游客，一心就想着登上日光岩，当一回风光无限的好汉。这样的急切，步履匆匆，汗流浃背，鼓浪屿的美统统被打了三折、四折、五折。搞旅游开发的人算是摸透了游客的心理，就在你最想去的那个景点前设了关卡，让你乖乖地掏钱。每人 60 元啊，山岩上的郑成功士兵铜雕若是有知，会笑得活过来的。

在你看来，鼓浪屿最合适的收门票的地方是轮渡或渡轮上，鼓浪屿上何处不风光呢？在一个人陶醉时要其掏钱，是很破坏情调的呀！

明白鼓浪屿妙处的人绝不会那么匆忙地奔向日光岩。毕竟到日光岩吹风，还是到日光岩流汗，在境界上有着天壤之别。

在晃岩路上，脚步放慢一些，再慢一些，这样就能听到音乐厅里隐约传来的歌声琴声；路过人民体育场（旧称：番仔球埔）门前，必然会打量一下马约翰的雕像，浏览雕像下的铭文，这个曾经为中国的体育事业作出卓越贡献的人就住在这附近，百米之遥就是他的故居……

晃岩路本来是如歌的小径啊，千万别将它走成了硬生生的陌路。

如茵的球场既有输赢的悲欢，也见证过历史的变迁。顺着晃岩路上坡，左侧有一个不大醒目的西式门楼，多数时候都铁门紧闭。里面的花园要比球场大好几倍，点缀着几幢奢华的别墅，这就是当年号称"中国第一别墅"的黄家花园。

黄家花园

地址：晃岩路 25 号

建造时间：1918—1925 年

比起鼓浪屿的其他别墅来，黄家花园的传奇色彩要浓郁许多。那是因为它的主人黄奕住创造了财富神话。一个南安金淘乡下的剃头匠到印尼打工，摇身一变就成了跨商业、银行、保险、房地产、种植等多行业和跨中国、印尼、马来西亚、新加坡等国的商界巨子。倘若放在今天，有人说同样的故事，你必定脱口就是一句"蒙我吧？"

不蒙你！黄家花园的中楼有一个家史馆，清楚地写着黄奕住的发财过程，曾经经历困苦、屈辱、艰辛和磨难，曾经拥有机遇、智慧、眼光和胆识。如果不看结果，只看过程，你会发现黄奕住的发财史与许多富人没什么区别，只是他做的生意更大些，积累的财富更迅速些。

作为商人，黄奕住品性中的果敢是成功致胜的关键。1919 年，当东南亚的富商都在犹豫不决是否回国投资时，他毅然决然带着2800 多万美元来到厦门，定居鼓浪屿，做起了房地产生意，兴办当地人还很陌生的自来水厂和电话公司，很快就成为厦门公用事业和房地产的最大投资商。

在鼓浪屿，黄奕住为别人盖房，10余年就投资建造了160座房子。当然，他也没忘记给自己盖房，一盖就是三幢，掩映于古榕、刺桐、腊梅、香樟、芙蓉、修竹之间，这样空阔迷人的大花园，在鼓浪屿也是凤毛麟角。

中楼是黄家花园的点睛之笔，黄奕住在建造上花了不少心思。华贵、新颖、稳重、气派、高雅，他希望人们看到黄家中楼就会联想到这些有分量的词句。

四面回廊、双向步阶、剁斧凹槽廊柱、大理石楼梯、红楠木家具、青铜镂花的壁炉……当年最时尚的建筑元素都团聚于中楼。而中楼天台的视野更是宽广：日光岩近在眼前，升旗山绿树成荫，一片海域也若隐若现、若即若离中展示着朝雾晚霞的万千风情。

黄家花园曾接待过一些名人，如蒋介石、邓小平、美国总统尼克松、新加坡总理李光耀等等。当它叫鼓浪屿宾馆的时候，其营业执照上赫然写着负责厦门市"五套班子"的接待任务。

黄家花园中楼

一个剃头匠的财富故事因为这座黄家花园的存在而得到无尽的延续。

如今的黄家花园正在整修之中，你无从知道它何时完工，何时对外开放。在晃岩路上，你能透过"随波逐流"的围墙，窥见黄家花园的岁月一角。就这么惊鸿一瞥，就已经令你倾慕不已了。

晃岩路之所以给你"随波逐流"的感觉，是因为山坡的起伏，也是因为后浪逐前浪的源源客流。到了晃岩路 38 号的红砖小楼，大伙终于可以歇歇脚了。这幢红砖小楼的前身是德国谦记洋行，现在是怀旧鼓浪屿博物馆（延伸阅读："馆韵"之怀旧鼓浪屿博物馆），别墅是老的，里面的 2000 多件展品也是老的，只有你和远方来的游客是新的。人们总说"时光一去不复返"，但是这个博物馆展览的却是凝固的旧时光。旧时光未必都好，然而，那毕竟是一段历史，曾经的豪门恩怨和平民悲欢，曾经的梦想和失落……只有了解了，才能品味出这片风景背后的另一片风景，绚烂张扬，或质朴低调……这一切，就像浪涛带来的贝壳，人们可以借助它听到大海的声音。

福音堂

地址：晃岩路 40 号
建造时间：1901—1903 年

沿着晃岩路走到坡顶，端庄稳重的福音堂就傲然挺立在那里，恰好俯瞰着近处的黄家花园，远处的海天一色。

福音堂经过整修，已经变得像一幢新建筑了，虽然英式建筑风格犹存，正门四根立柱却是簇新的容颜，或许只有山墙上红艳的植物藤萝浮雕还能找回一点 1903 年它建成时的记忆。如今福音堂前挂着厦门百合园托老院的牌子，大多游客肯定想象不到它在

福音堂

厦门基督教徒心中的重要地位。

　　当 19 世纪中叶，基督教传入厦门时，很长时间都是租用民房传教（1863 年在鼓浪屿建了协和礼拜堂，是外国人的专用礼拜堂）。直到进入 20 世纪初，才在鼓浪屿岩仔脚（现址之旧称）建造了这座能容近千人的大教堂。每有著名牧师访厦，必来此布道、参观。

　　据音乐人士考证，厦门最早的合唱团诞生于鼓浪屿。1932 年，黄自先生创作了歌曲《旗正飘飘》，电影《还我河山》将它作为插曲，在全国广为流传。1934 年，这首歌曲在厦门的首场合唱就是在福音堂举行的。歌曲以饱满的爱国热情，高超的合唱技巧，赢得了许多中国人的喜爱。

　　1935 年全国基督教会奋兴会和 1936 年全国查经会，都选定鼓浪屿福音堂作为会址，后因参加人数大大超过福音堂可容纳的人数，才临时改到鼓浪屿英华中学操场举行。

一座如此重要的基督教堂，在修复时基本上全面翻新，这是很令人扼腕长叹的。到了晃岩路的坡顶，不知情的人喘喘气，知情的人叹叹气，继续前行吧。

林巧稚故居

地址：晃岩路47号

建造时间：19世纪末

延伸阅读："馆韵"之林巧稚纪念馆

再走二三十米，左边是一幢白色破旧的欧式民居，右边是登日光岩的阶梯。不知情的人直接登山喘气去了，知情的人面对荒废多年的林巧稚故居不免又要叹息一番。

林巧稚是中国现代妇产科医学的奠基人，在她手里诞生过5万多名婴儿，而她诞生在这幢白色民居里。那一天是1901年12月23日，咫尺之遥的福音堂正在兴建之中。

林巧稚故居

这是一个典型的基督教家庭，父亲受过西式教育，思想开明，早早就将女儿送到学校读书。他没料到的是，林巧稚这一读就读到了1929年。这一年她28岁，在入学淘汰率达三分之一的北京协和医学院，以优异成绩获得博士学位。为此，错过了适婚的年龄，从此她将爱心倾注于中国的医学事业，将无限的爱心献给了每一个患者。

林巧稚故居为白色建筑，那是天使翅膀的颜色。它是一幢外观呈不规则八角形的欧式民居，二楼单独设一尖形拱门，拱门前的长廊直通地势较高的晃岩路，别墅整体素雅，极有艺术韵致。在你看来，白衣天使就应该诞生在这样雅致的楼宇里。

日光岩寺

地址：晃岩路56—64号

建造时间：1586年（明万历十四年重修，始建时间无考）

日光岩是鼓浪屿的最高峰，高不足百米，然而，人到岩顶竟觉得天风浩荡，红尘世界一览无余。这里是鼓浪屿标志性的景点，每天都人潮如涌。

倘若你不大留意，很容易错过原名莲花庵的日光岩寺，因为它的主殿很小很小。当你身处寺院中央时，还以为只是山腰的一处平台呢。400多年前，几个尼姑以这里的天然石洞为佛殿，过着青灯照壁、素菜充饥的修行日子；到了清朝，莲花庵改名日光岩寺时，天然石洞周边才开始有了圆明殿等配套建筑；到了民国，寺院住持对岩宇进行全面翻修拓建，始有大雄殿与僧舍楼房；1936年，一代高僧弘一法师曾在东厢闭关养静，并为楼房题匾，称"日光别院"。

如今的日光岩寺虽娇小玲珑，却"五脏俱全"，除圆通宝殿

（即原来的莲花庵）、大雄殿、弥勒殿之外，还有藏经阁（芷绛楼）、钟楼、鼓楼、山门、法堂、客堂、斋堂、僧舍。与大寺院相比，一样都不缺。只是排列上不像别的寺院是循序渐进，一字排开，而是在有限的空间里，打乱排序，重新组合，所以才会出现山门旁开，大雄宝殿与弥勒殿相对而设的奇特景观。

寺旁有一块巨岩，上有名人题刻："鼓浪洞天"、"鹭江第一"、"天风海涛"等，行走其下，有字很大，寺很小的感觉。然而，日光岩寺虽小，却终年香火缭绕，每当太阳升起，阳光正好射到圆通寺内，可以浴佛，无比奇妙。

日光岩寺还有一个更亲民的寺门，是开在永春路上的。也就是说，如果走这个寺门，出来的巷口就是永春路51号民居，恰好是在永春路中段。

永春路非常清幽，这条路上最大的看点是71号的瞰青别墅、73号的西林别墅，都被揽进日光岩景区内了。也就是说，你顺着日光岩寺上去，绕过一块古榕环抱的山岩，就能看到它们雄健的风姿。

日光岩寺

瞰青别墅

地址：永春路 71 号

建造时间：1918 年

延伸阅读："迷巷"之黄荣远堂

说瞰青别墅，就不能不说它的建造者黄仲训（1875—1951）。此人在鼓浪屿也算是名列前茅的房地产商。他创办的黄荣远堂，先后在鼓浪屿开发建造了五六十幢住宅，尤其是他在田尾路一带建造的西式洋楼最受瞩目，其中一幢成了法国领事馆。

黄仲训的财富主要来源于在越南经营房地产暴富的父亲黄文华，他本人考中清末秀才，诗词做得不错，在鼓浪屿算是既有财又有才的富绅。他与林尔嘉同龄，又有相同爱好，菽庄花园竣工时，林尔嘉曾邀请黄仲训为花园撰写楹联，后来也有诗书来往，说明两人过从甚密。

71号瞰青别墅

同样是学富五车，家财万贯，但在为人处事上，黄仲训表现得比林尔嘉狂傲许多，所以也招惹了不少麻烦。比如，他在日光岩下建了瞰青别墅，竟然将日光岩纳入他的

71号瞰青别墅门柱石刻

私家版图，这可不是中国园林的借景手法，而是建了长城式的围墙，将日光岩圈了进来。《黄仲训霸占公地》成了当地报章的新闻，引起公众哗然。1927年12月31日鲁迅写给小峰的信中还提到："例如这里的报纸上，先前连日闹着'黄仲训霸占公地'的笔墨官司，我至今终于不知道黄仲训何人，曲折怎样，如果竟来批评，岂不要笑断真的批评家的肚肠。但别人批评，我是不妨害的。"总之，这件事闹了挺久，最后以黄仲训的登报致歉而结束。

依岩而筑的瞰青别墅，颇有黄仲训的执拗劲头，棱角分明，锋芒毕露，虽然只是二层别墅，给人的感觉却气宇轩昂。宽阔的前廊凹凸有致，花岗岩廊柱上有几何纹雕，最具风情的是柱廊之间的圆拱和花叶拱，可谓匠心独运；二楼的斜十字钩栏，亦别出心裁，耐人寻味。今人的艺术品位通常要进了家门才见分晓，房地产商给自己建的别墅看外观就一览无余。

瞰青别墅有两个大门，一个大门面向日光岩，上刻"出没波涛三万里，笑谈古今几千年"；一个大门面向永春路，上刻"此地有人常寄傲，问天假我几多年"。不仅书法遒劲有力，而且楹联的内涵有自诩，有洒脱，有觉悟……

西林别墅

地址：永春路 71 号

建造时间：1927 年

延伸阅读："馆韵"之郑成功纪念馆

尽管日光岩圈地让黄仲训备受舆论指责，然而，他还是在日光岩的栖云石下又建了一幢比瞰青别墅面积更大，也更雄伟的三层别墅，即西林别墅。它距瞰青别墅不到百米，简直可称为兄弟楼。

按温和的说法，黄仲训真的太爱日光岩了，爱到想独占，这是一种痴。时至今日，对摩崖石刻感兴趣的人，依然能在日光岩的许多崖壁上找到黄仲训的字迹——有他的诗作，也有他对此地历史的考证。比如在日光岩寺圆通宝殿（古时叫莲花庵）后侧的

西林别墅

岩石上，有 1919 年黄钟训行楷横题的"龙头山"三个大字，其下直行跋语："此山俗称岩仔山。考厦志：'龙头山即日光岩，亦曰晃岩。明池直夫有晃园，极花竹之胜。'爰泐石以存旧称。民国八年，黄仲训识。"

西林别墅的气势是被弧形宽廊的四根通天立柱撑起来的，这四根通天廊柱饰有粗线条剁斧凹槽，柱头为爱奥尼和科林斯混合艺术柱式。在这样雄奇的建筑构架中，清水红砖墙配淡绿色百叶窗，又让西林别墅有了柔情的个性。

进了西林别墅的大门，迎面就是孔雀开屏式的旋转楼梯，仿佛不是引你走向二楼，而是引你走向天堂。你最最迷恋的就是西林别墅的三楼弧形宽廊，当方圆几十里的山光水色扑面而来，当远近高低的绿树繁花铺展在你的视野里，还有什么语言能表达你心中的热爱？你痴了，像当年的黄仲训一样痴了。

时光已经停止，或者快速流逝，都已经不重要，重要的是你现在与世上最美的风景站在一起。

从鹿礁路到福建路
有点迷乱，有点欢欣

◎鹿礁路主要看点：

1 号博爱医院、2 号海滨旅社、7 号美园、12 号 A 栋音乐艺术咖啡餐厅、12 号 B 栋娜雅咖啡旅馆、13—15 号林氏府（八角楼）、16 号早期英国领事馆、18 号国际青年旅舍、24 号原日本领事馆、26—28 号日本警察局和监狱、38 号许家园、34 号鼓浪屿天主堂、99 号英国都铎式风格民宅、113 号林家公馆。

◎福建路主要看点：

6 号班沙客奶茶店、24 号怡园（林鹤年故居）、26—30 号菲侨民居、32 号黄荣远堂、37 号陈国辉宅、34—40 号海天堂构、43 号故圣教书局、44 号李传别宅、58 号叶清池别墅、60 号原救世医院。

你相信有一些人天生就与幸福靠得很近，你也相信有一些山水天生就与富庶繁华为邻。走进鹿礁路，你会发现这条路在 100 年前就是云集了英国领事馆、德国领事馆、日本领事馆、西班牙领事馆、天主堂等各国官邸和不同建筑风格的豪华民居，100 年后依然是繁华如旧，是小资的天堂，是走向幸福时光的必游之路。

走过娜雅咖啡旅馆和国际青年旅舍，你会发现鹿礁路在一棵独木成林的榕树前分了岔（榕树背后就是原日本领事馆），向左还是向右？你选择向左，一直顺着鹿礁路的单号门牌走，蓦然发现自己恰好走了一个周而复始的圆环，那座门牌 13—15 号的林氏府，与门牌 113 号的林家公馆其实挨得很近，前者是著名富绅林尔嘉的私宅，后者是他处理事务、请客会客的场所。林家公馆红砖、白石、蓝窗，有精雕细刻的"东升拱照"门楼，英式风铃窗的窗楣卷草雕饰舒展而大气，由爱奥尼克式双柱支撑的通透宽廊可望海听涛，这一切都体现了林尔嘉细腻雅致的审美情趣。当年，林尔嘉最喜欢陪着家人或友人，从林家公馆门前的私家码头出发，坐着自家的船只，绕行半个鼓浪屿海域，到菽庄花园吟诗作画，夜宴欢歌。

八角楼

地址：鹿礁路 13—15 号

延伸阅读："海岸"之菽庄花园

回顾鼓浪屿的百年历史，人们会惊讶地发现，鼓浪屿最有权有势的家庭有两个：一个是 1895 年从台北携巨资来鼓浪屿避难的台湾首富林维源（他于 1905 年去世后所有财富由林尔嘉继承），一个是 1919 年从东南亚携 2800 多万美元归国的商界巨子黄奕住。

林维源经历了战乱和磨难，来鼓浪屿后颇为低调，虽然在鹿礁路购建了两处房产，俗称大楼和小楼，均为二层建筑，圈地不大，都不气派惹眼。唯一的讲究是大楼向东面海，伫立二楼露台可以遥望台湾，

幽雅的鹿礁路

那里有祖辈和他共同经营的庞大家业，还有富丽堂皇、名冠台湾的林家花园，此时都音讯远隔，鸿沟难渡，真是多少往事欲说还休！

令林维源深感慰藉的儿子林尔嘉才华横溢，学贯中西，不仅在经营产业上屡有创新，而且在热心公益上亦深得社会各界的赞誉。清光绪三十年（1904年）即被朝廷任命为厦门保商局总办兼厦门商务总会总理，并聘为农工商部头等顾问。次年林维源撒手人寰时，应是含笑而去。

自1904年至1907年，林尔嘉在厦门保商局总办兼商务总会总理任内，革除陋规苛例，方便华侨商旅，主持制定《土地买卖章规》、《华洋交易规约》条款，推动厦门的对外贸易。1905年福建议建铁路，林尔嘉不但是铁路公司的大股东之一，而且实际参与漳厦铁路工程的具体事务。1907年厦门商务总会兴办电器通用公司，拟在厦门安装电灯、电话。由于风气未开，投资者寥寥无几，拖延数月，业务无法开展，林尔嘉率先投资30万银元，促成其事。20年代厦门兴建近代城市，开辟马路，拆迁民房遇到地方封建保守势力和外国籍民的阻挠，时任厦门市政会长的林尔嘉不避嫌怨，力为其难，"任其劳而不任其功，辞其利而不辞其责"，秉公办事，使"忌者不敢谤"，市政建设得以顺利进行。此外，他还兴办"广福"实业公司，参与泉州电力公司和泉安汽车公司的投资。宣统三年（1911年）春，林尔嘉受聘为度支部（财政部）审议员，参与国家财经大事。清朝统治结束后，中国进入民国时期，林尔嘉被选为中华民国参议院候补议员；1915年任厦门市政会长；并连任鼓浪屿公共租界工部局董事会华人董事14年。

此时的林尔嘉富贵尊荣、体面风光，一改其父的低调作风，建花园豪宅（1913年建成菽庄花园，1915年建成八角楼），纳美妾（共有妻妾六人）……大凡年少时，人们都爱发誓要实现一个与众不同的人生，可是人到中年时所有的理想都一一落入此前曾经不屑的传统俗套。

好在林尔嘉在审美上还是有不俗表现，给鼓浪屿留下了一座四时旖旎的菽庄花园，一幢华贵浪漫的八角楼（名列鼓浪屿十大别墅之一）。

鹿礁路13—15号，实际上是由大楼、小楼和八角楼三幢建筑构成的。如今，在林维源手上购建的大楼和小楼均已残损，只有林尔嘉手上兴建的八角楼风韵犹存。

这是一幢巴洛克式的五层别墅，最夺人眼球的是浅蓝色外墙上繁复细密的白色线条塑造的成双白鸽和缠枝花卉，这样洁白雅致的拱券欧式窗饰，在鼓浪屿一千余幢老别墅中绝无仅有，给人雍容华贵的深刻印象。

林尔嘉的建筑构想是在父亲建的两幢老楼之间插入新楼。在如此有限的空间里，既要追求新楼本身的时尚，又要追求与环境的视觉和谐，这给设计师留下很大的难题。好在每个时代都有天才设计师和能工巧匠，今人才有这样的眼福观赏他们遗留下的建筑杰作。

鼓浪屿的诸多别墅或以气势恢弘让人仰视，或以冷艳孤傲让人远观，或以小巧玲珑博得好感，惟有八角楼华丽而温婉，让人既心生亲切又充满敬意。

顺着八角楼正门前的彩色卵石小径，双旋台阶将你带到方柱拱券构成的内阳台；中厅是林家会客的地方，两排黑漆嵌螺钿圈椅，几件青花瓷器；中厅两侧为厢房。可想而知，二楼以上每层都如现代风行的两室一厅，弥漫着安逸而温馨的气息。只有在姨太太们争风吃醋时，这样的气息才会飘散，墙上钟摆缓慢的滴答声才成了忧伤的节奏，相伴到天明。

林尔嘉在老楼住了20年，在八角楼住了23年（1915—1938年），前后43年，度过了他人生中最辉煌最美好的时光。1938年厦门沦陷后，林尔嘉避难上海、香港等地，1948年他携四、五、

八角楼背面

八角楼正面

六房姨太太返回台湾林家花园（此时他的夫人、二姨太都已过世），只有三姨太留了下来，与林氏府共沧桑。这样的独守是源于韶华已逝的清醒，还是故园难舍的深情？无人知晓。从此鹿礁路上，八角楼内，只见她离群索居的孤独身影，邻居说她收养了数十只流浪狗，种植了一些花草，"文革"时挨了几次批斗……1972年她平静地离开人世，带着一身的清贫和复杂的身世。

从此，八角楼更是荒草萋萋，无人打理，2006 年的一场台风造成老楼坍塌，才让人惊呼这些老别墅需要保护和开发。令人欣慰的是，最近听说八角楼的产权已经易手，林尔嘉主题酒店正在坍塌的老楼原址上修建，将恢复八角楼的初始风貌，内部装修风格将重现二三十年代的古朴典雅。

沿着鹿礁路逛一圈，你会发现，抛却炫富心理，人们心目中最理想的住所应该是轻盈俊俏的，有柔和意趣的，像八角楼、林家公馆都是理想的家。当然，鹿礁路 99 号的英国都铎式风格民宅，也是温婉可人的住宅，望之都觉得幸福。这幢别墅没什么传世的趣事，却有非常迷人的外观，尖塔形的红瓦斜屋顶，多层淡黄横断山墙，长排蓝色百叶窗……每次到鼓浪屿你都喜欢在这里流连一下，倘若遇上凤凰花开，民宅外的缤纷落英都会飘进它的庭院和窗棂。几次路过，围墙边高挑的番木瓜树都果实累累，有掌状绿叶或聚生于茎顶，或耷拉下来护卫着长圆形的果实，十分

鹿礁路99号英国都铎式风格民宅

有趣。番木瓜树干上系着晾衣绳，常有五彩被单或衣裙晾晒在上头。

当你在鹿礁路上绕了一圈，又回到那棵独木成林的榕树前，就顺便到榕树背后的原日本领事馆瞧

原日本领事馆

瞧吧，虽然参观这个拥有"地牢"的地方，你心里可能会不是滋味。

当硝烟散尽，当晴空万里，偶尔去接受一下"落后就要挨打"的爱国教育也是非常必要的。你曾经向往活在大唐贞观年代的诗韵乐舞里，希冀活在风雅大宋的明月茶香里……眼前的老别墅却在提醒你，我们国家曾经蒙受半殖民地的屈辱，离现在并不遥远，你有幸活在中国改革开放的太平盛世中，是否珍惜了，感恩了？

鼓浪屿天主堂

地址：鹿礁路 34 号

建造时间：1917 年

花开给人愉悦，花落令人忧伤，然而，懂得感恩的人总能坦然接受自然的规律。聚散都是缘啊！

基督的信徒们是最懂得感恩的，他们每天都在感谢主，赐我食，赐我物……

鹿礁路最诗意的建筑就是天主堂了，哥特式教堂的特点是有

很多的塔式尖顶升向天穹，仿佛那是邀请上帝光临的地面标志。天主堂全身皆白，在鼓浪屿红墙绿树的主色调中，有着格外典雅的视觉效果。愈靠近它，心灵所受到的信仰辐射愈强烈。

即使是世界再纷乱，心绪再不宁，天主堂都是圣洁宁静的所在。建筑的魅力在教堂上体现得最为明显。当每天的阳光透过侧面的尖拱形五彩玻璃窗和正面的镂空大玫瑰窗射进沉静肃穆的教堂，钴蓝色的瓜形穹顶也染上了温暖的光泽，人心中的迷妄和狂热、幻想和茫然都会被这样奇异的空间和色彩收纳，剩下的就是对上帝的膜拜和皈依。

天主堂是厦门仅有的一座哥特式教堂。1917年，由主教马守仁所建。正面入口的建筑立面充分展示了哥特式建筑的精巧与华丽，方形的壁柱上顶着爱奥尼克式柱头，尖拱形的大门四周装饰着三叶草的花纹，视线往上，看到的是从

天主堂外观

大玫瑰窗中央放射出来几条花茎，继续往上就是高耸的钟楼上角锥形的塔尖，塔尖上有一个十字架。再往上就是蓝天白云，是你自己的心空，还有若隐若现的上帝。

只有举行弥撒时，天主堂才会对外开放。倘若此时你有幸路过，请放轻你的脚步，放低你的嗓音，那是一片灵魂的净土，有人正在忏悔他们的罪过，有人正在坦承自己的思索，他们都是有勇气面对自己灵魂的人，他们都希望借上帝之手将自己引出迷途。

只有没有信仰的你，才会长久陶醉于鼓浪屿的迷巷之中，不想出来。你知道自己无力拯救自己，只有离经叛道很远很远的时候，上帝才会看见你孤独的身影，才会对你说："醒来吧，我的孩子！"

鹿礁路到了天主堂边上，就像歌曲唱了一半戛然而止，再走下去就是福建路了，而且是直插福建路的中段。你不禁暗笑，给鼓浪屿编排路名和门牌号的人，要么是个星象学家，要么是个彩票爱好者，因为人们永远别想摸索到他命名和编排的规律。当然，熟悉鼓浪屿历史的人才明白，鼓浪屿的门牌始于租界时期，工部局按街区（不是街道）用英文字母编列的，发展

天主堂内

到今天，鼓浪屿四处都是迷巷，倒成了一种趣味和风情了。

位于鹿礁路 34 号的天主堂与位于福建路 32 号的黄荣远堂共有一道围墙。你相信，当年这幢别墅的主人是乐于与天主堂为邻的，那是离天堂最近的地方啊！

黄荣远堂

地址：福建路 32 号
建造时间：1920 年
延伸阅读："迷巷"之瞰青别墅、西林别墅

在千余幢鼓浪屿老别墅中，黄荣远堂都算得上阳春白雪的经典之作。是谁有如此雄厚的经济实力和审美眼光，将一幢别墅盖得鹤立鸡群，连对门五幢别墅围成的海天堂构，也无法遮盖它玉树临风的光华？

是将日光岩圈进自家庭院的黄仲训吗？对，也不对。因为黄仲训只是这幢别墅的第二个主人，它的第一个主人叫施光从，富裕的菲律宾华侨，想来当年该叫施光从别墅的。施光从一家在这里住了 17 年，直到 1937 年举家迁回菲律宾，才将别墅卖给了黄仲训，遂得名黄荣远堂。

如果要赞美这幢别墅设计气宇轩昂，艳压群芳，事实上你是在赞美施光从，而不是黄仲训，尽管黄仲训也是鼓浪屿住宅设计的高手。

比起瞰青别墅和西林别墅来，黄荣远堂更称得上中西合璧的典范，不仅它的主体建筑融合了希腊的廊柱、北欧的窗棂、中国的亭台，而且其庭院里碧水倒映的太湖石，围绕着一层又一层四季花卉，犹如一石击起的一波波涟漪……你忽然想到了"混血儿"这个词，建筑与人种一样，奔波千万里的姻缘，只要匹配对了，就

黄荣远堂

能诞生天地精灵、人间绝色。

　　黄荣远堂的气派主要是由数十根大小廊柱构成的，都是以整条花岗岩雕成，大廊柱独擎云天，小廊柱（二根一组或三根一组）共担风雨；三层楼顶立面次第缩进，镂空女墙给人错落的美感；半月、弯弧、平直的窗棂设计，饰以平台钩栏、钢花纹饰、水泥透雕、十字栏板，这是雄奇壮美中的奇巧神技……

靠近天主堂的侧面有云墙假山与邻相隔，被假山和绿树半遮半掩的两亭一榭，有曲径通幽，修竹婆娑，还有一口清洌的水井曾经滋养过施光从的兄弟、黄仲训的儿女，映照过"东方夜莺"颜宝玲（黄荣远堂曾是厦门市基督教女青年会鼓浪屿分会所在地，由颜宝玲主持）、厦门演艺职业学院的师生。

美丽的建筑是不会寂寞的，不是被子子孙孙传承下去，就是前人刚搬走，后人即接踵而至。

海天堂构

地址：福建路 34 号海天堂咖啡馆、38 号万国建筑艺术馆、
　　　42 号木偶演艺中心
建造时间：20 世纪 20 年代
延伸阅读："闻香"之海天堂咖啡馆

中国先人是非常智慧的，早在战国时期就指出"物以类聚，人以群分"这一社会现象，反映到现实生活中，就是高级别墅与高级别墅在一起，平民住宅与平民住宅在一起。

海天堂构与黄荣远堂简直是"门当户对"这一成语最形象的解释。每到夏日，海天堂构的穿堂风会畅快地穿越黄荣远堂的西式门楼，吹到高高的桃椰树上，吹到鸡冠刺桐的红丛绿枝上……

海天堂构由五幢别墅组成了封闭式的私家府邸，是鼓浪屿上唯一可与黄家花园相媲美的中西合璧别墅群，而黄荣远堂无论岁月过去多久都是一副风华正茂、傲骨嶙嶙的模样。

细究起来，海天堂构和施光从别墅（易主后改名黄荣远堂）真是"人以群分"的产物，主人都是晋江籍，都是菲律宾华侨，都是经商致富，他们是否还有千丝万缕的亲缘血缘有待考证。海天

海天堂构

堂构由黄秀烺邀同乡黄念忆联合建成，黄秀烺三幢，黄念忆两幢，以围墙圈之，在宅邸北面（与黄荣远堂相邻的一面）建一座仿古式门楼，富丽堂皇，古色古香，上书"海天堂构"，下有石狮守护。

　　海天堂构最精美最风采的建筑是黄秀烺一家居住的中楼，是闽南地区近代中西合璧建筑的杰作。它以红砖方柱和白石构件的红白两色为主色调；屋顶是闽南传统风格的碧瓦重檐歇山形，四角缠枝起翘，疑似宫殿或寺院；中楼的全部门窗、厅楣上均饰挂水泥透雕飞罩，如春草飞卷、蛟龙戏水等；廊间装有斗拱、挂落、垂花、花篮等饰件，环楼四周栏杆用的是闽南常见的"花瓶柱"……给人的感觉是亦中亦西，中国的建筑元素更多些。

如今的中楼是万国建筑艺术馆，有不少鼓浪屿珍贵的历史资料在这里展出，但是你对动辄以"万国"冠名颇不以为然，不就是13国吗？百都不到，千万就更远了。

沿着海天堂构的围墙绕一圈，可以看到好多精美的民宅，如现编福建路19号、20号、22号、24号的老别墅，都有徐娘半老的风韵。尤以24号的怡园有江南的诗意和灵秀，进去瞧瞧吧！

怡 园

地址：福建路24号
建造时间：1896年

怡园其实就在海天堂咖啡馆对面，由于周边房屋较为密集，所以今日的怡园与1896年初建时的怡园已经大不相同了。清水红砖、方柱拱券的主楼依旧，变的是居住环境，原先是旷地上的诗意小楼，现在是楼群间的小小园林。只有几块太湖石、两棵老树、一堵镶嵌着"小桃源"石碑的短墙，依稀保留着些许旧时的记忆。

如今提起诗人林鹤年(1846—1901)，没几个人知晓，但是在清末明初的台湾和福建一带，林鹤年还是颇有名士声誉的，被列为晚清福建八大诗人之一。林鹤年参加过科举，当过国史馆誊录官，后到台湾任职，仕途正顺之时，因甲午战争失败清廷将台湾割让给了日本，他也只好卷

起铺盖内渡，在鼓浪屿做个闲人。据说他选址在此地盖怡园，是因为离他的台湾老熟人林维源（林尔嘉之父）的林氏府较近，可以找到同是天涯沦落人的慰藉。此时林尔嘉已经长成英俊青年，他对诗歌的爱好或多或少可能还受到林鹤年的影响呢。

林鹤年在任职台湾时，就好写诗，台湾割让的屈辱更让他诗潮澎湃，经他的后人整理出来的诗作就有 1936 首。真是"悲愤出诗人"啊！当然说"激情出诗人"更好理解些，那是一种来得迅猛、激烈、难以抑制的情感。在苍发如草，怒目如戟的外形之内，是凄楚、哀怨、愤懑的五味杂陈。

林鹤年将自己的居所叫作怡园，据说有心不忘台湾之意，当然也可以理解为历经沧桑后的恬静和平和。然而，这样"小桃源"般的好日子才过了 5 年，55 岁的他便与世长辞了。

陆游临死曾留下《示儿》一诗："死去原知万事空，但悲不见九州同。王师北定中原日，家祭无忘告乃翁。"不知林鹤年是否也留下类似的诗篇？

怡园

从复兴路到漳州路

跌宕起伏，情坚金石

◎复兴路主要看点：

2号复兴堂、3号别墅（边上是旗山路，去容谷）、59—61号缘中园家庭旅馆、69号厦门演艺职业学院、96—98号白宅、102号林巧稚纪念馆（毓园）。

◎漳州路主要看点：

皓月园、大德记海滩、5号英国领事公馆、14—20号中央音乐学院鼓浪屿钢琴学校、32号厦门市音乐学校、38—40号李家庄（家庭旅馆）、44号廖宅（林语堂岳父家）、48号立人斋、58号马约翰故居、64号临岩瞭然（廖永康医生宅）。

鼓浪屿的路通常不是单数的，它们都喜欢像树桠一样自由地伸向远方，起伏着，未知着，只有不赶路，任其迷乱着，才能体悟漫步其间的乐趣。复兴路与漳州路有扯不清的关系，它们都始于海边，与鹿礁路分道扬镳后，漳州路沿着海边，复兴路顺着山势，自顾自地浪漫去了，一直到了毓园，两条路才久别重逢，对于复兴路来说那已经是临终一别，漳州路则继续自己的旅程，奔中华路而去。

当龙头路、晃岩路游人如织时，复兴路依然幽

复兴路上

情逸韵，静影沉璧，偶尔听见阿婆的足音笃笃地响起，迅即又消失于远处交错的巷子里。这样寂寥的氛围，只有内心足够坚强的游人才敢于去面对它，才会留意废弃的别墅里那些自恋地绽放着的丛丛芳草，才会发现顺着一溜墙缝漫开的墨绿苔藓，极似书法行草里潇洒的一捺。不记得谁说过，小巷的深邃不是由它的长度决定的，而是由这些随岁月生长出的斑斓痕迹决定的。

走在复兴路上，你有时会忍不住用手去触摸一段斑驳的墙，触摸这么多年的风雨留在这个岛屿这个实体上的怅惘。呵呵，曾经有人那么精心地打扮了它，如今却任由它滋长着闺怨般的忧伤。

然而，这只是复兴路呈现给路人的外貌，而它的内心亦藏着同床共枕般的温暖。

复兴路 3 号别墅的围墙边有一条阶梯小径，它就是旗山路，这条路荒僻宁静得让人不敢独行，很多人都是因为迷路，误闯进容谷的曲径通幽中，无意间欣赏了厦门最勾魂夺魄的风光，窥见了容谷里深藏着的阳光般的传奇故事。

容 谷

地址：旗山路 7 号

建造时间：1926 年

延伸阅读："做梦"之李家庄

容谷是李清泉别墅的雅称。假山、凉亭、曲径……中国园林的经典元素在容谷的入口处就无比委婉地表达出来。多种花岗岩卵石铺成的小路引人走向更为空阔的欧式花园，五颗高耸云天的南洋松，与三层高的别墅比肩并同龄，脚下五彩卵石拼成的"1926年"不经意就泄露了它们共守多年的秘密。

密缝清水红砖配上爱奥尼克巨柱，主体别墅的优雅和气派很

容谷的主楼

容易让人想到绚烂这样的词汇。其实，容谷还有一种精神的绚烂，那就是爱。由于这对夫妇爱得很日常，很直白，所以极易为外人所忽视。

李清泉有"木材大王"的美誉，先是在菲律宾驰骋商海，后又回国参与福建的建设，这个青年时期受过系统西方教育的商人深谙经济与政治唇齿相依的关系，所以在商界和政界都有一定的影响力。李清泉在商业上的成功，丝毫不影响他对妻子颜敕的百般呵护和爱意绵绵。不像现在有些富翁"杯酒释妻权"，变脸之快犹如川剧的绝活。

李清泉与颜敕在晋江金井乡下成婚前，彼此并不认识，一切都是李清泉的母亲代为操办。当时，李家做着小本买卖，颜敕亦过得清贫。前往菲律宾做生意对于这对夫妇来说是人生的重大转折。没有情爱戏剧中的诗文唱和，只有商海风云下的同舟共济，他们不擅长口头表达，只是各自暗暗体味着那缕甜蜜，直至让爱苗生长成参天大树。当他们成了"海归派"，在鼓浪屿建起容谷时，深藏的爱才在不经意中向世人掀开了一角神秘。

容谷的选址、别墅和庭院中外合璧的设计，都展示了李清泉的不凡审美观，他仅仅是在打造一个温馨的家园么？走到别墅后面，那凿岩而建的坚固库房就很让人疑惑。史料表明，1926年李清泉决定盖容谷时，别墅的功能定位不仅是居住，而且是商业总部和金银库房，亦是富商巨贾和官场应酬的聚会场所。迁居容谷，李清泉看到颜敕舒心的笑容，并从言谈中感知她的喜悦，于是就将别墅主人注册为颜敕。

爱需要表达，文人以美文，商人以别墅，谁又能分清高下呢？钱是俗的，当财富上附丽着爱意时亦是雅的。

知道李清泉家史的人在容谷还能感受到更博大的爱。在别墅侧面有一座精致的小楼，是李清泉为颜敕的姐姐颜雪盖的。在父母双亡后颜雪含辛茹苦地扶养颜敕，这样的深情岂是富贵之后可以相忘的？！若将李家故事不断铺展开来，还会发现更多博爱的亮点：这对夫妇动辄以数十万元赈济各地灾民，带头募捐支援革命、支援抗日……

心中有爱的商人可以将财富演绎得缤纷多彩、高尚感人。李清泉就是一例明证。

容谷的花园

升旗山是鼓浪屿东面的最高山峰，每天太阳总是最先眷顾这里，将金灿灿的山体倒影在碧波之中，为鹭江增添了几许晃眼的妩媚。位于升旗山上的容谷也有人世间眩目的妩媚。

从容谷下来，迎面见到的就是复兴堂，这是一个小巧玲珑的基督教堂，恰好位于复兴路与鹿礁路的岔路口。在你的记忆中，这一带是黄昏时免费听钢琴曲的好地方，连闻名退迩的著名指挥家郑小瑛也在附近住过，厦门爱乐乐园的办公场所也曾选在这里。

在你看来，复兴路的起伏极像音阶的高低，你走在上面有想歌唱的感觉，那是南音的曲调，时而有悄悄的喜悦，时而有幽绵的怨叹。59—61号缘中园家庭旅馆在复兴路中段的高处，应属于比较欢快的乐章。

顺着复兴路往上走，过了与福建路的交叉路，老别墅就变得越来越精美起来。听说这一带有"鬼屋"，因为不是夜访，你并没有惊心的感觉。一路走来，你觉得67号别墅清丽可人，曾经反复在梦中出现的漂亮房子就是这副模样的；69号别墅通体被刷上了

复兴堂

粉红色的涂料，厦门演艺职业学院不知想借此表达什么样的艺术信息，是标新立异，与传统审美决裂，还是告诉学生前途即使不姹紫嫣红，至少也是粉红色的？77号别墅都被定为危房了，依然有着末代富绅的气度；住在83号别墅里的人未曾谋面，你也知道他们是殷富人家，将一幢老别墅修整得像精心打扮后等待赴宴的美艳妇人，已经展示了他们的雅致生活；92号别墅真是庭院深深，你挤眉弄眼想从门缝里一窥究竟，也是白费心机，只有满树的龙眼越过高高的围墙，也是让你望得见摘不着。

过了92号别墅，复兴路突然开阔了起来，因为毓园就在跟前，白宅就在旁边。

白 宅

地址：复兴路96号白宅北楼、98号白宅南楼
建造时间：1902—1912年

白宅的建筑外观是宽廊拱券的欧式建筑，但在绿树繁花中不大引人注目。倘若不是因为这里住过首开福建铅字活版印刷之先河的印刷出版界知名人士白登弼（1870—1914），或许你也不会在这里驻留良久，也不会这么仔细地打量着一排拱窗的柳条隔扇，主动与隔扇背后的老者打招呼。

白登弼的父亲叫白瑞安（1831—1904），在厦门以刷金银箔和刻字为业，开设"瑞记书店"，兼营印字作坊。刊印《三字经》、《千字文》等启蒙读物出售。随着基督教、天主教在鼓浪屿的兴起，他承接的教会印刷业务日益增多。不知是耳濡目染，心生感念，还是出于业务发展需要，他竟然弃信佛祖，改信基督。连印刷作坊也改名"萃经堂"，并举家迁到鼓浪屿鹿耳礁（今复兴路15号）。"萃经堂"搬到鼓浪屿后，除了保留一小部分印售小儿识字

课本的传统业务之外，主要为基督教会印刷闽南语罗马拼音字的圣经、圣诗，以及《厦语注音字典》等，俨然像是基督教会属下的私营企业。

白登弼是一个不负父望的好孩子，在经营印刷业务上，不因循守旧，当许多同行还在用手工刻字时，他就花重金从国外购进一台手摇活版印刷机，首开福建铅字活版印刷之先河，比上海商务印书馆还要早使用活版印刷。紧接着他又聘来外国技师，将手摇操作改为半机械化。另一方面，他对基督教的信仰比父亲来得更为虔诚，身兼教职，为教会作了很多善事。

在你看来，上帝不是一个爱写打油诗的诗人，而是一个擅长写跌宕起伏的人生情节的小说家。在白登弼拥有了财源滚滚的事业、一定的社会名望和6个可爱的子女之后，突然就让他撒手人寰了。那一天他才44岁，白家的"房梁"塌了。

接下来，就是1个女人与6个孩子的故事了，有顾此失彼的

96号白宅北楼（白格承宅）

无奈，有分身无术的辛劳……"萃经堂"盘给了店内伙计，他们一度连白宅的南楼和北楼都住不起，只好将它们租给外国人居住，靠租金维持生活开支。好在虽经乱世，结局尚好，白登弼的6个子女不仅成才，而且长寿。

从白宅出来，你漫步在毓园（延伸阅读："迷巷"之林巧稚故居，"馆韵"之林巧稚纪念馆），里面的老树新枝，繁花绿叶，都让你明白，岁月就是这么轮替的，看似纷乱无序，其实却像潮汐，像轮回。能留在世上，并被人类永久传诵的就是依附在某个伟大人物身上的高尚情怀，以及与日月同辉的奉献精神。

复兴路到了毓园，也就到头了。从这里进入漳州路，恰好将漳州路一分两二。往左走去，很快就可以看到白浪翻卷的海，看到5号英国领事公馆红瓦白墙的优雅身影；听到14—20号中央音乐学院鼓浪屿钢琴学校传出的世界钢琴名曲；有兴趣者还可以走到大德记海滩，戏浪或者被浪戏；这片海滩转个弯，覆鼎岩上的郑成功巨大石雕骤然逼人仰视；皓月园啊，其寓意比熊猫团团和圆圆含蓄多了；一排棕榈树将你又带回到复兴路靠海的那一头，回到了与鹿礁路的缠绵悱恻中。

毓园出来，往漳州路右边走去，一路下坡，32号厦门市音乐学校犹如一个休息

鼓浪屿音乐学校

皓月园的郑成功塑像

平台，校门前的半月形阶梯，怎么看都有五线谱的韵律，校门口挂着一块牌匾，上书："音乐家的摇篮。"这是一个小摇篮，鼓浪屿才是大摇篮。

漳州路本来是非常幽静的，自从引进了电瓶车，串起了皓月园和毓园两个景点，起起伏伏中就有了些许的喧哗。不过，这种喧哗像涛声，来得快，去得也快。沿着音乐学校的外墙下行，38—40号李家庄（延伸阅读："做梦"之李家庄）就令人惊艳地出现在眼前，那是现代时尚与老别墅相得益彰的产物，舒适、大气、奢华，它真实地复原了过去，又超越了过去。而44号廖宅就在李家庄的后面，那是有故事的地方，与"鬼屋"无关，与林语堂有关。

廖 宅

地址：漳州路44号
建造时间：20世纪初

廖宅就在坡道的不经意一拐中，呈现出它的幽静，楼已年久失修，可是，石砌的宽阔台阶依然完好地想将人引向曾经的富丽堂皇。

这座钱庄老板的私家别墅于1919年1月9日张灯结彩，因为廖家的二小姐廖翠凤要嫁给牧师的儿子林语堂。这场看似勉强的婚姻，却在两个男女的细心经营中开始了先结婚后恋爱的甜蜜。林语堂在《我的婚

林语堂照片

71

廖宅——林语堂的新娘房

姻》写道:"我和我太太的婚姻是旧式的,是由父母认真挑选的。这种婚姻的特点,是爱情由结婚才开始,是以婚姻为基础而发展的。我们年龄越大,越知道珍惜值得珍惜的东西。"

婚礼先在教堂进行,另依当地民俗演"迎亲"这场戏,极像时下先结婚登记,再办婚宴以遍告天下。1月9日,林语堂在廖家别墅端着一碗龙眼茶竟有点不知所措,迎亲的紧张抑或滑稽?他将茶中的龙眼一个一个地吃下去,惹笑了一屋子的人,因为龙眼只是讨个吉利,按理不吃的。

廖宅的庭园里栽着高大的白玉兰树,六月花开时满园的香。只是没等到玉兰花开,林语堂就带着廖翠凤远走高飞,到美国哈佛大学求学去了。正是这千万里的磨难和互相关照,林语堂才有了那个著名的领悟:"婚姻就像穿鞋,穿的日子久了,自然就合脚了。"

学成回国后，林语堂和妻子多次回到廖宅小住，庭园里的香樟、白玉兰树曾倚靠过他们的浓情蜜意，那石阶上的斑驳光影亦曾轻拂过他们恩爱的衣袂。二三十年代的的林语堂正名满天下，"两脚踏东西文化，一心评宇宙文章"，这样的文学大师连绯闻都没闹出一个，这肯定让狗仔队员很郁闷，而廖翠凤却无比欣慰。相濡以沫半个多世纪的名家婚姻，无论是过去还是现在都应该令人敬慕的。

林语堂是怀旧的人，回忆他的故乡平和县坂仔乡时，他说"如果我会爱真、爱美，那就是因为我爱那些青山的缘故了。"他没有用任何煽情的话描写过廖宅，结婚五十周年纪念时，他在送给妻子的勋章上，刻着美国诗人詹姆斯·惠特孔·莱里的《老情人》：

同心相牵挂　一缕情依依

岁月如梭逝　银丝鬓已稀

幽冥倘异路　仙府应凄凄

若欲开口笑　除非相见时

林语堂坚贞的爱情追溯到源头就是廖宅，他与廖翠凤的相识、相亲都是从这幢宅邸开始，直到海枯石烂。今日徜徉于这片幽深迷人的庭园中，阳光就像那场日渐遥远的幸福婚姻一样暖人！

当看到 64 号别墅的门楣上"临岩瞭然"四个大字时，你就已经站在中华路上了。回望漳州路，古榕高而挺拔，随风飘扬的长须像关羽的美髯，让窄窄的坡道充满了古意和爱意。

漳州路上

从中华路到田尾路

诗意撩人，浪涛拍岸

◎中华路主要看点：

2号原厦门税务司（海关）英藉验货员公寓、5号原荷兰领事馆、诗人舒婷与诗评家陈仲义的家、15号褚家园、21号猫头鹰窗户、23—25号四落大厝（圆洲茶庄）、45号舒婷闺房。

◎田尾路主要看点：

1号洪天恩宅、16号乐群楼（万国俱乐部）、28号田尾女学堂（毓德女学校）、38号外国人住宅（情融丽舍婚纱摄影别墅）、17号观海别墅、19—21号丹麦大北电报公司、菽庄花园（与丹麦大北电报公司毗邻）。

鼓浪屿的精彩如果只留给了腰缠万贯又热心公益的侨商，其光华和暖意都是远远不够的；鼓浪屿的隽永魅力更因为有了博通今古、学贯中西的林语堂，有了站在诗歌翅膀上跳舞的舒婷，有了将寻常音符幻化作惊心魔力的钢琴大师。

中华路就像一条不屈不挠的藤蔓，与田尾路、漳州路、晃岩路、海坛路、乌埭路、泉州路、安海路都有着千丝万缕的牵连，它几乎成了鼓浪屿东西部的分界线。

中华路上

舒婷从中华路的这头嫁到那头

地址：中华路 45 号舒婷闺房
建造时间：20 世纪 20 年代

　　漳州路与中华路有一个交叉点，如果不是因为林语堂四处漂泊（1936 年侨居美国，1966 年定居台湾），1952 年出生并长期生活在中华路上的舒婷或许有机会与他在某一个街角或巷口相遇。呵呵，不相遇也好，毕竟他们是现当代文学史上不一样的美景。

　　如今的中华路 45 号，院落外的铁门已经锈迹斑斑，只有墙头的绿萝依然像豆蔻年华的舒婷，一楼她的闺房曾装满了少女如诗的梦幻，一颗聪慧、敏锐的心灵在这里感知着生命的丰盈与艰涩……20 世纪的整个 70 年代，舒婷在这里度过写作最旺盛的青年时期，她的许多名诗，包括《致橡树》都诞生于这间 12 平米的闺房。直到 1981 年她嫁给陈仲义，才从中华路的这一头搬到了中华路的那一头。嫁得太近，连嫁妆都可以慢慢搬去；偶有赌气，回娘家徒步一二分钟而已。中华路就像铺展在她生命里的一条大动脉，承载着她的全部幸福和忧伤。

中华路风情

　　大多数人只晓得舒婷的诗有明丽隽美的意象，缜密流畅的思维逻辑，把诗写得既富有思辨力量，又楚楚动人。只有离她很近的朋友才知道，她的日常生活也是清流澄澈、异彩纷呈的旖旎风景。八九十年代，盛名之下她依然保持着晨风般的清醒，她不感叹什么名女人难当，将淳厚的爱倾注在家庭和亲友中，将婆媳情相处得胜似母女，夫妻恩爱到彼此没有隐私，将儿子培育成北大博士……

朋友遍天下，对于许多人来说只是一个不可企及的美好愿望，然而，对舒婷来说却是真切的事儿。不熟悉舒婷的人，会觉得她孤傲，遇到新闻采访常拒人于千里之外。然而，每一个有幸成为她朋友的人，都会惊讶和感动于她春风般的温煦。

在朋友眼里，舒婷是"空中飞人"，在世界各地游历、讲学……在没有她音讯的日子里，厦门的闺中密友已经翘首以待她带来天下奇闻（再平常的事儿一经她的描述立马成了传奇），同时也像孩子似的翘首以待她带来的礼物，或一对耳环，或一条丝巾，或一件长裙……每个得到礼物的人都眉开眼笑，那是多么贴心的礼物啊！舒婷的审美眼光总能穿越万水千山，挑选礼物时恍若在每个人身上比试过。舒婷常"逼"比她年少几岁的朋友叫她外婆，可是每每不能得逞。不过，在好友的心里她还真的像她们慈爱而年轻的外婆。

时至今日，依然有远道而来的诗歌爱好者四处寻找舒婷的家，希冀在某条幽深的小巷里与她偶遇。其实，要想看舒婷有两个最佳时辰：一是早上到鼓浪屿菜市场，那个戴着厚厚的近视眼镜，总在海鲜档前流连的女子就是她了；这时候的她素

舒婷的闺房

面朝天，衣饰简洁，明明手上拎着菜，你却以为她拎着书。当然，更好的与她偶遇的时辰是傍晚或夜色阑珊时，那个穿着高跟鞋，像钢琴的滑音一样飘过小巷的女人；那个略施粉黛，衣着光鲜，优雅地远去或归来的女人，那就是她了。你仿佛窥见了鼓浪屿百年前的名门淑媛风采，这是中华路夜色中最亮丽的风景。

舒婷，应验了厦门人常说的一句话："鼓浪屿的女人越老越美丽。"对于普通女人来说，岁月像刀具，锋利而无情，太多的纹路和皱折都不是她们想要的，却无法拒绝；对舒婷而言，岁月像煲汤，美味而养颜，所有的文字都在这锅汤里炖成了营养的胶质：恬淡、颖慧、大气，那是时光的风霜无法摧剥的生命绿叶。

中华路两侧大多是清水红砖的老宅，老宅之间常有窄窄的巷道，通向更幽深的岁月里。中华路有家小店卖一种鼓浪屿点心，打的广告是"选料上乘，遵依传统之技；融贯古今，藏风味于自然"。用这句话来形容中华路的风采似乎也挺贴切的。

褚家园

地址：中华路 15 号
建造时间：20 世纪 20 年代

对你来说，褚家园犹如一道难解的谜，你无数次路过，紧闭的窗门上都有一只白猫变着花样蹲在那里，像一只忠诚的狗。花草丛生的庭院里也有狗的身影，若你走得近些，它也吠几声。你多么想看到主人啊，想向他或她打听褚家园为何又叫"崇高别墅"？而且极为尊严地将这四个行楷字体浮雕于三楼红墙上，以扇形白底衬之，以缠枝牡丹托之。在尔的印象里，这么隆重刻画的匾额上大多写着"圣旨"。

其实，这样的疑问都是一种闪念，走过了中华路 15 号，你就不再想起了。直到有一天，你偶然看到书上对崇高这个词的解释。《尔雅》

是中国最早的一部解释词义的书，它对"崇"的解释是"高也"。这样说来崇高的原义就是对高的一种强调，是视觉上的壮美或雄健。只有当它被运用于精神领域时，崇高才有了"浩然之气"，才被赋予了庄严感和敬畏感。

褚家是菲律宾侨商，开过南洋药局，崇高别墅若不仅表达建筑的壮美，或许就蕴含有他们治病救人的精神追求。在近百年的时局动荡中，褚家的精神追求也发生了变化，褚家后代出了著名的小提琴家褚耀武，不久可能要诞生褚家园咖啡旅馆的老板了。最近，寂静了许多年的褚家园开始有动静了，偌大的院落，那些恣意生长的花草开始听从一个声音的呼唤，这里要变身为咖啡旅馆了。一段时间来，你路过"崇高别墅"时听到了叮叮咚咚的装修声，你也不必对崇高这样的词汇高度敏感了。毕竟心灵的震撼从不来源于词汇本身，而是来自于你的所见。

褚家园的白猫给你留下很深的印象，它让你联想起鼓浪屿上各种猫的身影，以及它们的幸福生活。在中国，猫的品种数以千计，但是最著名的猫只有两种：一种叫白猫，一种叫黑猫。衡量它们优劣的标准是捕捉老鼠的数量。不过，鼓浪屿的猫没有人见过它们具有捕鼠功能，它们大都人模人样，举止优雅高贵，气定神闲，与鼓浪屿人一样懂得享受生活。

比起狗来，猫比较不讨人喜爱，主要是因为它的忠诚度总是经不起考验，一直不肯在讨好主人上下功夫。

猫通常比主人还要慵懒，空有

猫头鹰窗

一双迷人的媚眼却不喜轻抛，整天半眯着想自己的心事，经常占着柔软的沙发做永无休止的春梦。

好在鼓浪屿人比较温和，不是特别喜爱动物的奴性，彼此只要相安无事，能和睦相处，猫爱蹓跶，爱幻想，爱串门，爱骑墙寻欢都随它去。

鼓浪屿的猫尽管没有泡茶、喝咖啡的习惯，但是它爱看电视，特别是足球赛。它不怎么喜欢搭理陌生人，尤其是风尘仆仆的游客。如果它倚着老别墅的百叶窗打盹的时候，任凭你千呼万唤，连瞥你一眼的兴趣都没有。

它可能是一只很胖的猫，却从来没打算减肥，它只会感叹阳光真好！鼓浪屿真好！

过了褚家园往下走，只要你稍加留意，就会发现 21 号楼的窗户很特别，像什么呢？对，猫头鹰！这幢楼貌不出众，可是它的窗棂却是别出心裁。犹如一个女子并非天生丽质，没有窈窕身材，没有桃腮杏脸，却长着一双波光潋滟的秋水明眸。这就足够了，从此你对她无法忘怀。

四落大厝

地址：中华路 23—25 号
建造时间：1796—1820 年
延伸阅读："闻香"之圆洲茶庄

四落大厝和大夫第（海坛路 28 号）这两幢老宅是鼓浪屿最古老的民居，建于清嘉庆年间（1796—1820），也就是说，当它们舒展着庞大的身躯，无比畅快地呼吸着日光岩上吹来的柔风时，那些哥特式的教堂、巴洛克式的别墅、洛可可式的领事馆都还远在欧洲、美洲或者东南亚。

四落大厝

四落大厝和大夫第是典型的闽南红砖古厝,红砖墙、红筒瓦、红地板烘托出来的喜气,虽历经 200 年风霜,依然荡人心怀;燕尾脊下的山尖浮雕是狮面吉祥图案,有祈福镇邪的寓意,至今依然生动传神,别具风采;长条白石铺就的庭院、天井和护厝甬道,给人亘古弥新的感觉。

私家宅第盖得这么奢华,那个叫黄旭斋的人肯定是走了什么捷径,暴富得不明不白的,很是让人眼红。有人说,他为人和善,一日见有人吃饱了才发现身上没带现金,被饭店老板拦住不让走,他就像"活雷锋"一样帮这个尴尬的客人把饭钱付了。谁能料到多年后当他走船做贸易时,被海盗虏走,在人货不保的危急中,他见到了那个曾经尴尬的客人,此时他的身份是海盗头子,名叫蔡牵。你查了一下史书,发现这个蔡牵并非虚构的人物,他所率领的海盗船帮驰骋于闽、浙、粤海面,劫船越货,封锁航道,甚至攻城夺炮，一度让朝廷很头痛。

后来，你到金门旅游时，参观了一幢叫酉堂别业的老宅，它的主人也姓黄，是清嘉庆年间的金门首富，人称"黄百万"。他的致富故事与黄旭斋如出一辙，也是先施小恩于蔡牵，后得到丰厚的回报。这个故事你是从《金雕细琢话金门》（作者：张莉慧，2003年12月出版）上读到的，据说，"黄百万"传奇在金门几乎是家喻户晓。由此看来，黄旭斋的暴富故事有移花接木之嫌。

黄旭斋富得有点蹊跷，不过他的儿子黄昆石确实是做了大官的，先后任职过户部监印、知府，盐运使等职，并获得中宪大夫的荣衔。大夫第就是在他手上建成的。考古这件事比翻修老宅难，考证半天可能一无所获，而刚刚由25号四落大厝改建而成的"圆洲茶庄"却开始赚钱了。

若往菽庄花园方向走，中华路上的老别墅就不多了，5号原荷兰领事馆虽然得以重建，却成了一座商城，没有古韵可言，只有它的对面，2号原厦门税务司（海关）英籍验货员公寓楼（现为海关宿舍）还保留着原有的风采，可用纤秀灵巧、简洁大方这样的词汇来赞美。这幢两层的公寓楼是1923年建成的，因为一直都有人住，所以依然保持着童颜鹤发的风采。你觉得，它最独特的美感来源于那一根根纤细的红砖八角柱，由这样无限风情的连拱廊柱支撑起来的楼宇，让人每次路过都要回头留恋地张望。

中华路的头连接着鼓浪屿租界时期的高档住宅区和娱乐区，这一片靠海的开阔地，都是田尾路的地盘。懂得风水的人都说田尾路是藏风聚气的风水宝地，依山面海，稳固畅达。其实，风水学说得时尚点，就是环境学。有山有水，始终是人们对理想生活环境的不懈追求。

沿着田尾路往海边走，可以看到几幢极具旧时代特征的老建筑：16号乐群楼（俗称：万国俱乐部）只剩下一个空壳了，可是当年却是专供领事馆官员、外国洋行老板和高级职员娱乐的高档

28号田尾女学校

原厦门税务司（海关）英籍验货员公寓

16号万国俱乐部

会所；28 号田尾女学堂（毓德女学校）开创了福建女学之先河，经 128 年风雨沧桑至今依然完好无损，只是红砖的色泽已经暗淡，然而人们会记住林巧稚、黄萱等杰出女性都是在教会女学得到知识的启蒙，为日后的成才打下坚实的基础。

　　田尾路上有一排高高的柠檬桉树，因为树身光洁，不留意还以为是一列灯杆呢。路的左边是渐渐隆起的坡地，坡顶就是漳州路 5 号红瓦白墙的英国领事公馆，那里才是俯瞰田尾风光的最佳地点；坡上错落着二三幢红砖老别墅和不计其数的老树虬枝；路的右边是一片开阔的平地，几幢白色别墅、几口水井散落在遍地枯叶之间，好久没人打理了。你曾听说每个午夜田尾路的"鬼屋"都有琴声从百叶窗棂里飘出，想到这里你不禁打了一个寒颤，加快了脚步。

观海别墅

地址：田尾路 17 号
建造时间：1918—1920 年

田尾路是没有尽头的，它是一条环形路。

看到海的时候，就看到了观海别墅。一幢孤悬于海角的老别墅，竟然有着曲折迷人的长廊和私家码头。鼓浪屿的东南角就这么风情万种起来。

1918 年，当丹麦大北电报公司经理选择此地建自己的宅邸时，更多考虑的是上班方便，因为从这里走几步路就到电报公司了。千万别小看了这家电报公司，它可是一棵大大的"摇钱树"。在通讯落后的清末民初，它铺设了厦门至上海、厦门至香港的长 1574 千米的海底电缆，一度垄断了中国南方的电报行业，仅田尾路电报房月平均营业收入就达 2 万余银元，利润盈余 1 万多银元。

1919 年携巨资到鼓浪屿开发房地产的黄奕柱，对这幢位置得天独厚的别墅情有独钟，1920 年以重金购得，并扩建了小花园、观海台等，成了自己和家人春天赏花、夏日戏水、秋夜赏月、冬季听涛的休闲所在，也是接待贵宾的居所。

观海别墅也是红顶白墙的欧式建筑，给你印象最深的是绵延不绝的拱券环廊，像波涛似的漫延开去，这样浪漫明快的建筑结构，因为外观夺目，从而极好地保护了环廊内、卧榻上的种种隐私。

观海别墅

　　如今，观海别墅院门紧锁，只见花匠在里面修剪花草，也不知哪个有福的人在享用着这一片蓝天碧海。

　　好在菽庄花园离此只有几步之遥，无法深入观海别墅的遗憾，都可以在菽庄花园张开双臂的热烈拥抱中得到化解。

菽庄花园

　　地址：港仔后路 7 号

　　网站：http://www.shuzhuang.com.cn/

　　开放时间：8：15—18：00

　　延伸阅读："迷巷"之林氏府，"馆韵"之鼓浪屿钢琴博物馆

　　1913 年，菽庄花园竣工时，主人林尔嘉 38 岁。

　　那是最喜欢怀旧的年龄啊！山涧瀑布般的青春激流已经奔腾

到开阔的江河，功成名就的快感正是与少时故友分享、与诗人墨客唱和的最佳时候。林尔嘉的中年怀旧，犹如明媚春光里的一层薄雾，有七分的美艳，三分的怅惘。这三分的怅惘里，有一分怅惘源于青春不再的慨叹，二分怅惘是因为眼前的菽庄花园还有一个姐妹园远在波涛的那一边，那是他的台湾故居——板桥林家花园（此时台湾已经沦陷于日本手中）。

有人认为，菽庄花园是台湾林家花园的克隆版，这是一种想当然的臆测。殊不知台湾林家花园是在住宅的空间里扩建而成，准确地说是在三落大厝、五落大厝周边兴建起来的中式庭园。而林尔嘉建菽庄花园，显然不大着重于它的居住功能，更着重于它的休闲功能和摆阔功能。古时江南豪门往往不惜巨资兴建精致优美的园林庭园，用来招待官家或有生意往来的巨贾。对于亦商亦官的林尔嘉而言，能将各类应酬安排于体现了自己审美情趣的私家园林中，让宾客漫步于曲桥回廊，欣赏着自己创作的五言七律题刻，那份喜悦和骄傲才是他深深陶醉的。正是基于这样的自恋，林尔嘉才将这个花园命名为菽庄（他的字"叔臧"的谐音）。

当然，如果你特别喜欢林尔嘉，也可以将他想得更高尚些，可以说他是借菽庄花园中的亭台楼阁、山水花木以及它们所构成的空间，表达了自己对自然的向往，对高雅的精神境界的一种寄托。

菽庄花园虽然有江南园林的一些审美元素，但是因为园区面海而立，其雄奇大气绝非江南园林可媲美。菽庄花园的妙处：一是藏，把偌大的海面藏起来了，也就是说你们到了菽庄花园门口时，还以为这是一户寻常人家呢，因为长长的影壁墙挡住了你的视线，待到转出月洞门，绕过竹林，大海的万顷碧波才扑面而来；二是借，借什么呢？借日光岩，借港仔后海滩，借远处的南太武山，这样的借景、借意、借影，都是不用还的，借得神不知鬼不觉；三是巧，就是一亭一阁、一桥一石、一草一木都与山水巧妙结合成流畅美丽的画卷。菽庄花园的巧还体现于"十二洞天"的景色中，那是以太湖石沿坡地垒成的"迷宫"。太湖石以瘦、透、漏、皱、丑为特点，可是做成假山时，它又变得玲珑剔透，有重峦叠嶂之姿。"十二洞天"洞洞相连，曲折迷离，是孩子捉迷藏、大人找童趣的好去处。

就你个人而言，菽庄花园中最让你倾心的景致是"四十四桥"（1919 年建成，此时林尔嘉恰好 44 岁），它是浅海上的曲桥，全长100 多米，宛如一条长龙在海面上游来游去。桥上有枕流石、观鱼台、渡月亭、千波亭、招凉亭等。枕流石很硕大，上面镌刻着林尔嘉的书法"枕流"，桥绕石而过，如水因岩而分，因岩而合，别有风情；桥上有好几座亭台，渡月亭是菽庄观海赏景的最佳点，若逢月夜，海波轻摇，说它是人间仙景亦不为过；荷亭"举手此邀月，飞花正舞春"的楹联，总让你体味到那已经远去的良宵花解语、静日玉生香的美好时光。

走过四十四桥，上一小坡，视界开阔的听涛轩就出现在眼前。此听涛轩已经不是林尔嘉时的听涛轩了，原先挂在听涛轩上的楹

菽庄花园

菽庄花园四十四桥

联"江月不随流水去，天风直送海涛来"早已与老楼一起隐没于历史的风云中。重建的听涛轩现在是钢琴博物馆，天风送来的不仅是激情澎湃的海涛，还有柔情似水的琴音。

将时光倒流到1913年，你又看见了菽庄花园竣工时林尔嘉的喜悦表情。这时候的他不是精明的实业家，也不是慷慨陈词的商会总理或市政会长，而是充满浪漫情怀的诗人。

> 安居原是福，吾自爱吾痴。
>
> 容膝有茅屋，护花惟竹篱。
>
> 林空心易响，山瘦色能奇。
>
> 欲识闲中趣，风清月白时。

这是他为私家花园写的第一首诗（后来又写了14首）。诗人之所以经常挨世人的骂，就是因为常有矫情之句，令人如鲠在喉。明明是一座气派非凡的私家花园，他偏要说什么"容膝有茅屋"。还是杨士鹏为菽庄花园撰写的楹联比较实在："缩海为园戛戛造成一胜地，爱诗若命年年作主大吟坛。"

林尔嘉不仅自己爱写诗，而且创立了菽庄吟社，成员有施士洁、许南英、陈衍等台湾著名诗人和福建名士，创办初期有300余人之众，几乎囊括了厦门和台湾的饱学之士；鼎盛时达近千人，成员范围遍及福建、湖南、江苏、浙江等省市。有菽庄花园这样藏海补山的风雅场所作为聚会地点，有林尔嘉的雄厚财力、"爱诗如生命"的热忱作为保障，当年菽庄吟社的吸引力可想而知。

每逢中秋佳节，菽庄花园总是高朋满座，鸿儒硕学、骚人墨客在此放歌吟咏，挥毫泼墨，杯觥交错，纵情欢笑。

　　在林尔嘉仙逝 57 年之后（确切时间为 2008 年 11 月 21 日），菽庄花园上演了古典梨园戏《韩熙载夜宴图》，这是以菽庄花园的山水实景为舞台，以优雅的南音古乐与曼妙的梨园舞蹈为表述语言，再现了南唐巨宦韩熙载开宴行乐，与宾客纵情嬉游的宏大场景。台湾艺术家还将茶道、花道和香道糅合到剧情中，让坐在榻上观赏剧情的观众也像千年前韩熙载的宾客一样享受到品好茶、闻奇香的待遇，这样情景交融的贴心安排，让你恍若进入时光隧道，成了韩熙载的宾客；又恍若置身于林尔嘉的中秋诗会，成了即兴吟诵的诗人。

　　这一夜的菽庄花园香染衣鬓，盛装的南唐仕女提着灯笼款款与你擦肩而过，有美人漫步于曲桥小径，有佳丽歌坐于楼台亭阁，这样的朗月清风和良辰美景，让你对林尔嘉当年拥有菽庄花园的得意和欢乐感同身受。

　　诗人说，写诗需要灵感；灵感说，我在菽庄花园的晨岚朝露和夜夜笙歌之中。每次菽庄诗会过后，林尔嘉总是组织诗友将佳作刻印成书。菽庄吟社还在全国范围内进行八次诗词征集活动，每次一个主题，共得诗、文、词、赋、序 12000 首（篇），评奖后，又选择佳作出版。这些诗著都列为"菽庄丛刻"，其中传世的《闽中金石略》、《鹭江名胜诗钞》等，为研究海峡两岸文化交流提供了珍贵的史料。

　　菽庄吟社从 1914 年创立至 1948 年举办最后一次诗会，其存在时间为 35 年，其佳作之多、影响之大，可与辛亥革命时期的上海南社相媲美。

　　因为承载了这样厚重的文化气息，菽庄花园才更加清丽脱俗，风情万千。

闻香。

马不停蹄的旅行，我们叫它走马观花；马蹄留香了，观花的人却累了，在马背上睡觉了。

只有懂得停留的旅行，漫山遍野的花香才能熏醉我们的心灵。

当旅行者想停留的时候，鼓浪屿用什么来抚慰他们的眼睛、胃口和心灵呢？好在鼓浪屿有流传百年的风味小吃，有混合了中西味道的饼、咖啡和茶，有与这些美味水乳相融的慢悠悠气氛。正因为有了味蕾的欢舞，有了舌尖的留恋，鼓浪屿上的行走和停留，才在无限的诗意之外又增添了无尽的暖意。

赵小姐的店

地址：龙头路 298 号

赵小姐的店？当稀奇古怪、媚惑人心的店名令人视觉、听觉疲劳的时候，直白的表达反而令人振奋。然而，不能脱俗的是，出现了一句广告词："关于赵小姐的传说至少有三个版本，都与一段终无结局的爱情有关。"

现代人喜欢噱头，喜欢有无数可能结局的故事。赵小姐的店已经为你布置好了所有道具：妖艳的灯芯绒窗幔，满墙能诱发怀旧情绪的黑白老照片，陶瓷吊灯的造型犹如石榴裙，还有你喜欢的飘香的卡布奇诺，在暧昧的灯影下呈琥珀色的铁观音……只等着男女主人公上场。

赵小姐作为浪漫剧的女导演，有时也是会生气的。为了避免这种不愉快的场面出现，店里一块牌子上写着这样的句子："赵小姐觉得不妥的：1. 在店内大吃外食。2. 在店内横卧竖躺。3. 店内

赵小姐的店有三大卖点：闽南茶、咖啡、工艺品

人多时依然吞云吐雾，做神仙状。"

　　因为有这样的告示，店里安静得连喝咖啡时大口了点，声音都很响亮，弄得自己随时都有一种道歉欲。通常有修养的人都会像这些丝绸枕头一样把自己安放在红木镶边的沙发上，只将一双多情的眼睛转来转去，透过红色窗格看窗外匆匆走过的人影，看满室满橱的宝贝，直以为自己也是一件价格不菲的古董；或者干脆闭上眼，沉浸于前尘往事中，把初恋终无结果的人儿想上几遍……

　　赵小姐的店有三大卖点：闽南茶、咖啡和工艺品。其中各类精致的工艺品占了半壁江山，研磨咖啡机、英国下午茶茶具、景泰蓝化妆盒、丝绸布料、丝绸钱包等，样样都与浪漫情趣有关，价格也很合理。也难怪在娜雅小旅馆的墙上，有人手书："我终于去过赵小姐的店了……"兴奋的口气像是去了日思夜梦的天堂。

赵小姐的店里的工艺品

　　你没有见过赵小姐，不管她是虚拟的，还是真实的，你都要对她的经营策划表示由衷的钦佩。厦门的专业茶馆和茶庄数以万计，却独独在她家泡茶与浪漫扯上了关系。金色仿古的水龙头和青花瓷盘都直接安装在红木桌上，石榴裙边的吊灯将暖意融融的光线泼撒在象牙白的茶具上……关键时刻，赵小姐就出来说话了，这段话是用楷体毛笔字写的："赵小姐的店

赵小姐的店很安静

为您提供三种福建好茶，它们是正山小种红茶、安溪铁观音茶以及福建茉莉花茶。其中正山小种红茶早在十八世纪就已享誉欧洲皇室，是英式下午茶的起源茶种。安溪铁观音则是乌龙茶的代表。福建茉莉花茶一度是中国花茶的代名词，风行大江南北。在这样一间很英式的茶室，用正宗的中国茶具，泡上一壶好茶，是再享受不过的时光。"虽然是一段广告词，因为言之有物，所以可以当作茶叶的普及知识来读。

赵小姐的店在闽南茶项目下还有一个小卖点，即仙草凉茶。这种凉茶的主要原料是长在半潮湿山地的一种野草，煮后汁可饮用，并解毒消暑，因此获得"仙草"的美名。赵小姐的仙草凉茶中有黑色的颗粒（仙草汁的固体形态），是添加淀粉及少许的食用碱凝结而成的，从而让仙草凉茶有了一点嚼头，可与珍珠奶茶媲美。

有人说赵小姐是老板的奶奶，有人说是老板的女儿，其真伪不再重要。唯一得到证实的是，鼓浪屿那张手绘地图是赵小姐的店的老板设计的，有情调的人无论做什么事儿，都是款款生姿的。

Baby Cat 私家御饼屋与咖啡馆

Baby Cat 咖啡馆
地址：龙头路 8 号
Baby Cat 私家御饼屋
地址：龙头路 143 号

　　鼓浪屿馅饼是中华老字号了，追溯起来它的源头应该是"庆兰斋"馅饼，百年之前厦门就有排队买"庆兰斋"新鲜出炉馅饼的热闹景象。在厦门沦陷于日本侵略者之手时，"庆兰斋"移至鼓浪屿，从此鼓浪屿就与馅饼结下不解之缘。后来"庆兰斋"消失于历史烟云中，而鼓浪屿馅饼却以香酥油润的饼皮，冰凉清爽、甜而不腻的内馅蜚声海内外，只是近几年才有"无可奈何花落去"的感觉，越做越不是古早的滋味了，绿豆馅曾经的清甜不腻、余韵绵长，都在高潮未到时就戛然而止。好在近年出了个 Baby Cat 私家御馅饼，人们终于又有了"庆兰斋"再世的口福。

Baby Cat 咖啡馆

Baby Cat 咖啡馆一角

你一定想象不到 Baby Cat 私家御饼屋的老板黄渊彬有多年轻，一个"80后"（指在1980年至1989年出生的人群）。Baby Cat 是黄渊彬的网名，BBC 成了亲友对他的昵称。

一个浑身充满艺术细胞的"80后"（BBC 毕业于鼓浪屿工艺美术学校），有太多的梦想，比如当个摄影家、媒体记者什么的，BBC 都曾尝试过。在他缤纷的梦想中，唯独没有饼屋老板。

然而，潮涨潮落间，BBC 忽然就有了自己的御饼屋。这个吃着鼓浪屿馅饼长大的孩子，最终被上帝指定为馅饼继承者了！细说起来，BBC 全家无一不是馅饼爱好者，几年前有感于外面买的馅饼越来越粗糙，便 DIY 起来。

为了取悦老婆和孩子，BBC 他爹精心选料，细心琢磨馅饼制作技艺，馅饼越做越好吃。比如做绿豆馅饼，先要把绿豆泡开，把豆壳一个个全挑干净了，蒸熟后拿酒瓶碾（用擀面棍碾的馅不够细腻）；饼皮的制作也讲究面粉、水、油的搭配，烘烤要掌握好火候，内熟外皮微黄而不走油不碎皮。好馅饼刚出炉，放进口里的那一瞬间，舌头和上颚一起还没有来得及用力，饼皮就酥散在嘴里了。为了鼓励老爸的奉献，BBC 全家一致给他戴上"御厨"的高帽。"御厨"制作的馅饼当然就是御馅饼了。

一个家庭的自娱自乐，最终导致一个私家产业的诞生。这就要归功于 BBC 的广告策划和创业精神了。黄家御馅饼的香味先是在亲友邻里之间飘来飘去，在馈赠亲友时，BBC 发挥艺术特长，设计了时尚可人的卡通包装盒。

一切都像是顺水推舟，BBC 开始在繁华的龙头路找店面，找木工师傅做他设计的原木桌椅，在墙上挂起他拍的照片，杂志和音乐也都是自己平时收藏的，一古脑都拿出来与食客分享。Baby Cat 私家御饼屋具有小咖啡店的特色，只是空间狭窄了些。在阁楼上坐着，手一伸就可以在木质天花板上写字，以致满屋都是涂鸦之作。在墙上涂鸦放在别处可能会被店主明令禁止，在这里却成了一种自由和赞许。

BBC 成功了，出名了，有人便探究起他的隐私来。比如：BBC 祖上曾经阔过，在鹿礁路日本领事馆对面有过一幢大大的花园别墅；BBC 母亲的外公是清朝最后一批举人等等。你只知道 BBC 现住在中华路带花园的私家小宅子里，与著名诗人舒婷为邻；顺便还知道了一件事，BBC 的母亲有幽默感。当她在御饼屋转悠时，若有人问她："你是老板娘吗？"她会回答："我是老板他娘。"

Baby Cat 私家御饼屋的成功创业，让 BBC 兴奋不已。然而，他的胃口显然不只限于传统的馅饼，这个从小就在鼓浪屿老别墅耳濡目染各种高雅情趣的人终于实现了另一个梦：在鼓浪屿最热闹的地方拥有一座希腊风格的私家咖啡馆。

这是一个白得像白日梦的咖啡馆，那些千回百转的线条从门框、窗棂、楼梯、灯具……蜿蜒而去，抹去了生活中犀利的棱角，让人们高度紧张的肌肉和心灵放弃了随时准备战斗的姿势。

Baby Cat 私家御饼屋

在柜台的一角，有整齐排列的御馅饼，你可以买走，也可以坐下来品尝。他们家有绿豆、绿茶、椰子、香芋、南瓜、黑豆沙、肉馅七种口味呀，你想要哪一种？在美味面前，与在帅哥面前一样，女人是很难经得起考验的。当然，如果将帅哥改成美女，女人改成男人，效果亦然。

假如有人虚心请教你，你会向她（他）推荐肉馅的，那是一种难以言喻的味道。有点甜，有点咸，微小的肥肉像冬瓜糖粒，冬瓜糖粒像微小的肥肉……世上所有神奇的东西都是妙不可言的。

在咖啡屋里大谈馅饼，可能会被认为是一件煞风景的事儿。说实在的，他们家的红酱意大利面、猪排饭、烤鸡翅都做得不错。对于喜欢在咖啡馆读书、上网、听音乐、发呆的人来说，Baby Cat 咖啡屋无疑是非常惬意的所在。

不过，令你惊诧的是，有一女子居然将一双玉腿穿越桌底架到另一张空椅上，休闲气息很浓，风景似也不错，就是缺了优雅。这样的桌底春色并不常有，碰上了看一眼，也不必像老僧一样口里念念有词：罪过，罪过。

一直有一种幻觉，咖啡馆里柔软的白色楼梯像佳人的回眸转身，风情无限啊！楼梯下有小茶几，上面放着几十张音乐碟片。挑了一片 RASA 音乐特辑《SHELTER》放进 CD 播放器，Kim Waters 呢喃般的吟唱，配上缥缈虚幻的印度宗教音乐，那份潜藏心间已久的飘忽不定的情感终于长了翅膀，离开人间。

张三疯欧式奶茶铺

地址：龙头路街心花园旁

鼓浪屿龙头路的街心公园很小，边上有一个张三疯欧式奶茶铺更小。小到什么程度呢？如果你拉了十来个朋友去，就把它挤爆了。老实排队吧！

很多 MM 去过之后，都说那里有两个帅哥，说他俩弄得奶茶多么香浓。你进去看看，哪里有帅哥呢？看来收买了女人的胃，也能曲折地抵达帅气的高峰哦！

张三疯欧式奶茶铺

张三疯不是一个人，也不是三个人，它是一只猫。关于这只猫就像赵小姐一样也有很多传说，这回不是爱情，是流迹天涯，是被收养的幸福与哀愁……

奶茶铺最著名的食物是"猫粮早餐"：香嫩诱人的烟薰肉、玉米青瓜沙拉、烤面包和草莓酱，以及天下无敌的奶茶。吃了这样的早餐，张三疯还有什么哀愁呢？你明白了，因为那不是给猫吃的，是给人类吃的。古代是挂羊头卖狗肉，现代是挂猫头卖烟薰肉。

说实在的，你非常喜欢"猫粮早餐"。他们做得很认真，端上来的盘子里五彩缤纷。像你这样视力比较差的人，远远地以为端来一幅静物油画，直到闻到香气了，才知道从天而降的不是眼福而是口福。

张三疯奶茶店令人过目难忘，还有一个重要原因，它像一个地下情报站。墙上、桌旁、柜台边贴着、挂着无数的留言条，都是食客的即兴作品，文体有五言、七律、俳句、回车诗、散文节选、网络小说、漫画、照片等；内容有旅行的感受、热恋的倾诉、寂寞的独白等；纸质也是五花八门，便签纸、火车票、机

张三疯是一只猫

张三疯欧式奶茶铺像
个地下情报站

张三疯欧式奶茶铺虽然很小，
却无比温馨

票、面巾纸……看来多数人都是有倾诉欲和表现欲的，激情上来不吐不快啊！虽然有些留言语无伦次，文句不通，却句句都是心灵最真实的写照，比起某些报纸上那些句式工整、语法无误的新闻有趣多了。

张三疯奶茶铺虽然很小，看起来却无比温馨，深蓝色的墙上是色彩斑斓的大幅油画，油画下贴着一张手写的纸条，也就是张三疯店的店规"三不一没有"：不抽烟不打牌不接吻，没有表白别走。看到这样有趣的店规，食客总会粲然一笑。若真是表白了，对方也接受了，不接吻可能吗？呵呵，真去较真，就俗了。

吧台上方挂着一个不走的老钟，很能表明一种心情，让快乐的时光别走！

花时间咖啡馆

地址：安海路 36 号

辞掉令人艳羡的工作，然后浪迹天涯。那是你做了无数遍的梦，醒来就失去了勇气。

Air 夫妇是有梦想也有勇气的人，多年前辞去了各自的工作，作别故乡温州，在鼓浪屿上安了家。虽然过的不是男耕女织的古典生活，不过也颇得古典生活的神韵了，男的以广告创意卖钱，女的以写作赚取稿费为生，不仅养活了自己，还将他们的爱情结晶——小猪猪养得健康聪明，同时把廊前的花草也培植得香艳四溢。这样自由自在的生活听起来、看起来都很有诗情画意，然而个中甘苦，或许只有他们自己才能深切体会。

在鼓浪屿，他们搬了好几次家，每次都在破落的老宅院里将自己的生活伺弄得有滋有味。前两年，他们搬进了安海路 36 号的番婆楼（关于番婆楼的故事参见本书的"迷巷风情"），那可是鼓

番婆楼

浪屿鼎鼎大名的别墅啊！Air 夫妇看中了番婆楼的名气，也看中这里清幽娴静的环境。花时间咖啡馆悄然开业了，悄然的感觉就像是他们家自制了一块蛋糕拿出来与朋友分享。

开咖啡馆对于商人来说或许并不是一件容易的事儿，涉及制作工艺、设备、资金周转等等，然而对于每天浸淫于艺术文学，将咖啡馆当作"副业"经营的的 Air 夫妇来说，一切都可以靠与生俱来的灵气慢慢摸索。他们在学会调制不同的咖啡，学会做提拉米苏，学会烹调意式肉酱面的同时，没有忘记将自己最擅长的美术和文字，变成诗意的明信片、书签、纸本，变成无形的暖意去抚慰千万里飞来寻找浪漫感觉的多情男女。他们还写有《迷失·鼓浪屿》一书，也成了游客漫步鼓浪屿的无声导游。

在经营咖啡馆上，Air 夫妇花了不少心思，不过由于他们平日里就热衷收藏，喜欢手工制作，所以在咖啡馆装修上也是轻车

花时间咖啡馆

熟路，不像有些商人开起店来天天与叹息与劳累相伴。花时间咖啡馆里造型别致的纸灯罩，陈旧得有点歪斜的床榻、锈迹可辨的电风扇等，都是他们在各地旅行时淘来的；吧台上，缺角裂痕的青花瓷瓶里插着一枝马樱花果；木桌上，铺展着缧丝花边的素雅方巾；一只土陶罐上正盛开着一束百合……连算账用的也是年纪颇大的脱漆算盘。Air 夫妇深知，怀旧永远是咖啡馆永远不变的主题。

Air 夫妇知名度不高，却有艺术家和文人的"坏脾气"——日午而做，日落而息；顾客不是上帝；遇见才遇见，错过就错过……

这样的做派不是商人的，明摆着他们开咖啡馆只是为了增加一种生活乐趣，赚钱最好，少赚或不赚也无妨。因为营业时间很短，而且每逢星期一休息，一些慕名而来的游客失望了，在网上发布愤慨了，Air 夫妇都淡然处之。他们早就宣称顾客不是上帝了，顾客还以上帝的口吻发怒似乎就没有道理了。不过，有一个广告人告诉你，Air 夫妇是深谙文化营销之道的，摆酷也是一种营销啊。他举例说，花时间咖啡馆每天限量供应提拉米苏，事实上每天也只能卖这么多呀，他们只是换一种更诱人的说法而已。

然而，你认为，花时间确实是一家有独立理念的咖啡馆，它倡导慢生活和与慢生活相关的优雅。"岛、老别墅、回廊、雕琢高抬空间……说话、发呆……闲庭蔓藤、斜阳、月、海的风……咖啡、音乐、书、酒……散慢、安静、懒洋洋——"这样的文字是 Air 夫妇真实生活的写照，还是人们梦中的呓语或呢喃？

番婆楼洛可可式风格的大门雕花铁饰中有两个"福"字，一正一反，寓意进门见福，出门见福。以前这里住着享福的老人，现在任何一个路过的陌生人都可以因了一杯咖啡，分享到弥漫在这个庭院里的幸福感。

海天堂咖啡馆

地址：福建路 34 号

无论晨昏，海天堂咖啡馆里总飘忽着一缕妩媚的光，像来自多彩玻璃镶嵌成的灯罩，又像来自你的幻觉。岁月流逝，带走了黄秀烺与姨太太的打情骂俏或海誓山盟，然而，带不走的是"藏娇的金屋"里日日花开的气息，镌刻在每件器物上的小名都浮现出一个玲珑剔透的女子娇羞的面容。

如今老宅的空气里流淌着咖啡的香气，不过，这样的香气总是稍纵即逝。别墅的天花板太高，客厅太空阔，80 年前那个女子用了太多缕空雕花的门楣、拼花山水的玻璃画、晶莹剔透的珠帘来阻隔一旦弥漫开来就是无边无际的寂寥。

作为海天堂构别墅群中最华美的宅邸之一，它虽然没有中楼的气宇轩昂，没有清水红砖层层叠叠的喜庆感，但是它的室内装饰却充满了柔情似水的韵致，酒红色木地板上的莲步轻移，百叶窗后的蛾眉带秀、凤眼含情，都曾是海天堂构里最荡人心魄的风

海天堂咖啡馆大厅

景，不知黄秀烺珍惜了没有？

如果你不是匆匆而过的行者，肯在咖啡馆里闲坐一小时以上，中楼飘来的南音古韵将带你回到唐宋，回到李白与苏轼的年代。在这样的时刻，你或许会后悔自己刚才点了摩卡或卡布奇诺，而不是安溪铁观音，毕竟只有中国的茶香能融入丝竹管弦营造的古典氛围。

在咖啡馆闲坐一小时以上的另一个好处是你想上洗手间了，要知道，鼓浪屿上再也找不到比这里更有诗情画

海天堂咖啡馆入口

意的洗手间了。先要款款下楼，让曲折的木楼梯引你下到别墅的隔湿层。猝不及防，迎面，远远的，一个惊艳，黄色鸢尾花的巨幅油画挂在甬道尽头，画

海天堂咖啡馆隔湿层甬道　　　　　海天堂构里的南音表演

前散落着几个陶缸陶罐，有的陶器里还插着凤凰木的豆荚果。以致让你进了大大的洗手间，还唏嘘不已。

海天堂咖啡馆

拥有一份闲情，如果没有大把的时间作为后盾，哪能领略其中的奥妙。那些买了60元门票去中楼参观万国建筑艺术馆，去对面楼里看木偶戏表演的游客，如果不舍得花点时间在海天堂咖啡馆享受一下悠闲的感觉，海天堂构能给他们留下多少深刻的印象呢？

　　一个精明的旅行者肯定会省下门票，将这笔钱变成咖啡和甜点，一边用眼捕捉老宅的无限韵致，一边用耳倾听窗外飘来的南音，只留下一颗心无依无傍地穿越厚实的墙体、宽大的回廊……此时此刻，所有外在的美丽都将化作你心灵的背景，还有什么世俗烦恼能困扰你，侵害你？

圆洲茶庄

地址：中华路 25 号

　　舒婷对她每天都要路过的两幢老宅有非常生动传神的描摹："有庭院深深的大夫第和四落大厝。铜门环凹凸剥蚀，击一声绵长再击一声悠远，声声清亮如磬。红砖铺砌的天井里，桂香一树，兰花数盆，月季两三朵。檐前滴水青石，长年累月，几被岁月滴穿。中堂的长轴山水，檀香案上的青瓷描金古瓶，甚至洒扫庭院的布衣老人的肩头，似蒙着薄薄一层百年浮尘。"

　　如今有人很勤快地扫去老宅的百年浮尘，让它梅开二度，成了春风扑面的圆洲茶庄。

　　当然，不是所有的老宅都有这样的幸运。

　　倘若没有四落大厝原有的古朴精致，华贵大气，又会有谁愿意一掷千金让其红颜再现呢？

圆洲茶庄前院

圆洲茶庄前院种了仙人掌、澳洲杉、红花酢浆草、黄金竹，弄了阶梯形的潺潺流水，几种水生植物也在摇曳着细细的腰肢。门厅里有几件从安溪茶乡收罗来的木质揉捻机、摇青机、筛选机等，还有采茶用的背篓、烘焙用的铁锅，一下子就将人带进传统的茶艺氛围中。如果想了解安溪茶的采制工艺，茶庄里的工作人员会告诉你，安溪铁观音要经过严格的采摘鲜叶、晒青、凉青、

圆洲茶庄厢房

摇（凉）青、炒青、揉捻、初烘、包揉、复烘、复包揉、烘干等十一道工序。

过了门厅，就是一个天井，有北京四合院的感觉。中央为面阔三间的大厅堂，条案上叠着两堆普洱茶饼，犹如一对宋代黑釉玉壶春瓶；左右各有一间房，像是普及茶叶知识的课堂，就是若有旅行团来，可以坐在这里听导购员宣讲，泡样茶给你喝，让你有机会用自己的舌尖去验证茶叶的好坏；两侧厢房展示茶叶产品；另有"知春阁"等几间专供客人聚会泡茶的地方。

对于以领略鼓浪屿风情为目的的游客来说，这座列入保护文物的四落大厝是一定要留心欣赏的。虽然这座有200年历史的红砖古厝刚刚被翻修过，但是它房梁上的斗拱、座斗、雀替仍为原色木雕，精致得美轮美奂。窗棂上镌花刻鸟栩栩如生，回云纹花

窗巧妙透景，门楣上的装饰花鸟画更是浓墨重彩，虽然有的地方有点残缺或模糊，但是岁月沧桑感让茶庄平添了几许文化的情韵。

叶氏麻糍传奇

地址：龙头路新华书店附近的三岔路口

中国近百年的变化，用翻天覆地来形容，一点也不夸张。在这样高速度的社会变迁中，还是有些东西是不变的。比如，鼓浪屿的叶氏家风和他家的麻糍。

这里说的叶氏指叶承屋一家人，风雨数十年，三代子孙守着龙头路三岔口一个小摊，卖着黑白分明的麻糍，每天只做千余个，卖完就收摊，把一个小小的麻糍摊弄成了"中华老字号"、"中国名点"，并演化成"鼓浪屿的一道风景线"。其数十年如一日的品质坚持，固然令人叹服；其不奢不骄的街头坚守，更令人称奇。

鼓浪屿上做小吃生意的家族，多是从肩挑小担，沿街叫卖开始，赚了些钱就开店经营，有的还开了连锁店，赚了大钱。只有叶家人一代又一代，迎斜风细雨，承朝阳夕照，站在相同的地方卖一样的麻糍。

按理说，麻糍这种东西再柔韧香甜，也很难成为人人欲尝的名小吃的。尤其是吃了芝麻馅的麻糍，不仅吃的时候一不小心会被麻糍表面的芝麻粉呛到，而且吃后会在牙缝里留下难看的芝麻碎。在你看来，这是"拼丑吃麻糍"啊！与古人"拼死吃河豚"有得一比。

要弄清叶氏麻糍的魅力，销售现场是最佳观察点。在轮渡去日光岩的路上，叶氏麻糍是你很难忽略的摊点，因为原来顺畅的人流会在这里形成一个漩涡，人们都想在勇攀著名的日光岩之前给自己的肚子加点著名的油。

以不锈钢制作的麻糍车上有三个抽屉，分别装着黑芝麻粉，花生碎和白糖，抽屉上方放着一列糯米团。食客点了数，摊主才开始展示他的"无影手"功夫。只见叶师傅用他的柳叶刀在糯米团上挑一下，撑开成口袋状，飞速地用勺子舀上一勺黑芝麻粉，两勺花生碎和一勺白糖，包好后再放进黑芝麻粉里打个滚儿，一个麻糍就做好了。动作之麻利让人眼花缭乱，难怪有人说光是看制作过程就已经值一半的钱了。

有好事者悄悄给叶家算过账，每天卖千余个麻糍，每个一元，利润若干；一年365天，合起来该有多少多少盈余。这样几十年下来，叶家该富得流油，该住大别墅，该在龙头路开大店铺了。然而，叶家似乎毫无动静，他们依然住在偏远的内厝澳，依然每天起早贪黑，似乎不像别人想象中赚了那么多。唯一让叶家欣慰的是，几个媳妇都是因为喜欢吃麻糍而"爱屋及乌"地喜欢上叶家子弟的。

因为喜爱，食客难免将叶氏麻糍神化了，连摊主用筷子夹钱（包括夹纸币和硬币），也被传为武功高强。事实上，细究起来，叶氏麻糍并没有百年历史，它的创始人叶承屋才83岁呢。在厦门，比叶承屋成名更早的麻糍小贩叫陈珠，

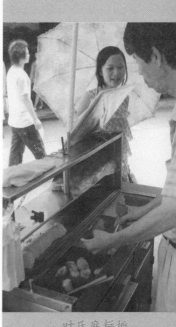

叶氏麻糍摊

柔韧香甜的叶氏麻糍

曾在中山路旁的"十六崎脚"摆摊卖麻糍，也是卖得东南亚华侨都闻其大名。可惜没有传人，很快就销声匿迹了。

麻糍好吃，关键不是卖者的"无影手"功夫，而是在食客根本无缘看见的麻糍前期制作工艺中。叶家人应该都是在鸡叫一遍后就起床的。糯米团的制作程序是这样的：先将雪白的糯米浸透了，再蒸熟，然后倒进大石臼里，用马头形的大木槌春成柔韧的糯米糍，再放在案板上反复揉成糯米团。在麻糍馅料中，最麻烦的是制作有冰凉口感的白砂糖，要先把白砂糖煮成糖水，再一直搅拌直至凝结，再磨碎成粉。

呵呵，满口生香的小吃后面原来还有这么多的辛劳啊！

"濒危保护食品"：寿记龟糕与蒜香花生

地址：海坛路 31 号之 1

与叶氏麻糍相似，寿记龟糕与蒜香花生也有三代传承的历史。不同的是，叶氏麻糍像是八九点钟的朝阳，而寿记龟糕则似十六七点钟的夕照。只有留恋黄昏的老顾客，以及好奇心很强的游客才会梦里寻它千百回。由于小店不在繁华地段，要寻到它还真得费一番功夫。

如果说鼓浪屿最小的小吃摊是叶氏麻糍，那么鼓浪屿最小的小吃店就是寿记龟糕店，它甚至没有一间店的规模。只是在自家屋前放了一张凳子，在凳子上放了一个玻璃橱，橱子里放着龟糕、碗仔糕和蒜香花生，以及一块"中华老字号"的金牌。

龟糕、碗仔糕与蒜香花生都曾是鼓浪屿人早餐的最爱，洪家从 1932 年做这两样小吃，天天来捧场的都是本岛人。生意红火时，洪家都差点买下一幢小楼了。因为爷爷与奶奶意见不合，才在海坛路建了几间平房，没想到一住就住到了今天。

寿记龟糕

寿记龟糕与蒜香花生

今天是个好日子，然而，对于寿记龟糕店来说已经没有以前好了。主要是因为鼓浪屿作为风景区后，居民越来越少了，从鼎盛时的三万多人，如今只剩一万多人了。而且，这一万多人中还有不少是像 Air 夫妇这样的外地人。喜欢吃龟糕、碗仔糕与蒜香花生的顾客少了，算是一个打击；更大的打击是现代人的早餐品种丰富了，更讲究营养了，那些古早的小吃不再是鼓浪屿人早餐的必需品。

如今只有情感丰盈的人才会去体会这种古早小吃的妙处。一个食客说得好："迷恋酒酿的味道，所以也迷恋碗仔糕；留恋鼓浪屿的闲逸，所以也迷恋厦门的种种。"

寿记龟糕店第三代传人，现在的经营者叫洪坤海，他每天都要早上四点起床。为了将碗仔糕蒸得像自然绽放的花朵，吃起来口感甜香绵软，带一点点酒酿的香味，他对大米的发酵时间要掌握得分毫不差。而在大铁锅里炒制蒜香花生更是一项累人的活，先要将大铁锅里的沙子炒热，然后加入花生米、盐、蒜蓉等配料翻炒，使花生均匀受热，不致炒焦。出锅的蒜香花生要达到口感酥脆，吃后齿颊留香的效果。

洪坤海是一个达观的人，他能坦然面对不容乐观的未来。他努力培养儿子去上大学，宁愿让父辈的手艺失传，也不要下一代过"连个安稳觉都睡不成"的辛苦日子。

知道了龟糕、碗仔糕与蒜香花生的家传历史，倘若你有幸品尝到这样的"濒危保护食品"，味蕾上请不要有惊喜的期待，它们只是鼓浪屿最寻常的古早小吃，你吃了它，或许一点感觉也没有，或许能听到鼓浪屿人的心跳，从而更容易理解这片土地上曾发生过的传奇。

黄金香肉松店之谜

> 黄胜记黄金香肉松店
> 地址：龙头路 95 号
> 黄金香正祖铺
> 地址：龙头路 89 号

著名作家林语堂回忆童年生活，曾提到鼓浪屿黄金香肉松配白粥是绝佳的美味。当年黄金香肉松仅此一家，别无分店。然而，现在厦门满城尽是黄金香（好在不是满城尽带黄金甲），到底哪一家才是林语堂念念不忘的黄金香呢？

每次路过龙头路，看见相隔不过十米的两家黄金香肉松店，不仅店名相同，而且都堂而皇之地打着"创始于 1842 年"，很令人纳闷，厦门的商标管理这么乱吗？虽然食客用自己的味蕾认可了黄胜记，龙头路 95 号总是人挤人，正祖铺里常常门可罗雀。然而，作为工商管理者怎么能对这样雷同的商标不辨真伪，置之不理呢？

经过你细心打探，才明白厦门打着黄金香招牌经营的肉松店，总共有三家，分别叫黄胜记黄金香肉松店、黄金香正祖铺（即黄金香食品有限公司）、黄送记黄金香肉松店，而这三家肉松店使用黄金香的品牌都有各自合情合法的理由。因此，三家黄金香都获得"中华老字号"殊荣。

　　1842年创建黄金香肉松店的人叫黄猪，做出来的肉松香味扑鼻、酥软可口、入口即化，很快名满厦门。时过百余年，黄猪的两个曾孙都长大成人，大哥黄晓彬开了黄送记，主要在厦门城里销售；弟弟黄鸿满开了黄胜记，以游客为主攻对象。他们开店用曾祖父的招牌似乎顺理成章。然而，这个祖传过程有一段插曲，那就是1958年，黄金香肉松店被列为公私合营的行列，成了厦门食品公司的下属机构，黄猪后代也都成了食品公司的正式职工，黄金香食品有限公司虽然是"包办婚姻"的产物，也算是"嫡系子孙"。

　　在这三家肉松店中，黄胜记做得最成功，名气最大。除了祖传的肉松，黄鸿满又开发了鲜咸甜香，油而不腻的肉脯、肉干等许多品种。

黄金香正祖铺

他坚持手工制作，采用精瘦猪肉切大片，浸腌于自制的酱油中，加以丁香、茴香、桂皮、糖等传统秘制配料，经一周左右，再挂在通风处晾干，然后放入烤房熏烤而成。制成后色、香、味俱佳，既有韧性又易嚼松，入口香甜，回味无穷。

　　更绝的是，守着一个10平方米的小店铺，黄满鸿一夫当关，收账发货，应接不暇。百忙之中，不忘剪下一大块又一大块的肉脯让站在外圈的潜在消费者试吃，大方得令人心生感激。他在营销上还有一招，就是制作了大小不一的旅行袋分赠给购买者，既广告了自己，又博得慷慨大方的美名。生意能做到皆大欢喜，怎

黄金香肉松店

能不声名远播？循声而来的都是攥着大把钞票的游客啊！

　　三家黄金香肉松，家家生意各不同。看来给你金字招牌，如果不用心，也是白搭的。

林记鱼丸和龙头鱼丸

　　林记鱼丸店
　　地址：泉州路 54 号
　　龙头鱼丸店
　　地址：龙头路 183 号

　　在福州念大学时，一次和同学到街上吃点心，觉得碗中鱼丸缺乏弹性，就感慨说："我老家的鱼丸就像乒乓球，打在地上能蹦高三尺。"店里的师傅马上说："你是金峰人吧！"当时你才知道金峰鱼丸多有名气。

　　来厦门工作之后，总听人赞美鼓浪屿的鱼丸好吃，一直很不以为然。论弹牙鲜美的口感，论馅料扑鼻的香味，哪能与金峰鱼丸比！然而，长期吃不到家乡的鱼丸，鼓浪屿鱼丸也就成了聊胜于无的慰藉。

你经常去的两家鱼丸店，一家叫龙头，一家叫林记，祖上都有过担挑沿街叫卖的历史，都是福州人，并有师徒、朋友之类的情谊，至今已传三代。他们做出来的鱼丸与金峰鱼丸属于同宗，制作方法类似，不同的只是用料的比例、分寸的把握。通常以鲨鱼为原料，将鲨鱼肉剁茸后与少量淀粉打成鱼浆，搅拌时间的长短与鱼丸的弹性有非常密切的关系。然后，将调味好的肉馅镶进鱼浆，从拇指与食指圈成的圆洞里滑出，就成了丸子，再滑入烧开的热水锅，直到鱼丸烧熟浮起，再捞到加有葱花、胡椒粉、香油的高汤之中。

如果你不去回味金峰鱼丸的美好记忆，鼓浪屿这两家老店的鱼丸给你的口感总体来说还是不错的，虽然鱼丸弹性略嫌不足，个头不够大，无法当乒乓球来打，然而爽口的鱼香，含汁的肉香都令食客的口腔有所留恋，吞进肚子的感觉是缓慢而舒服的。

林氏鱼丸店

两家鱼丸店的就餐环境，林记显然要比龙头好些，它在泉州路的一幢别墅的院落里，抬头可见对面鉴湖女侠秋瑾童年住过的家园。不过，也有食客迷恋龙头鱼丸店的老板娘晃着双腿，双手魔术般变出鱼丸的动人场景。当然，这些都是美味之外的风景了，食客尽可各取所需。

下面顺便讲一段有眉有眼的"鱼丸发明史"，估且当作鱼丸汤里的几点葱花吧。

据史籍记载，清雍正十年（1732年），清廷将福建省云霄县、诏安县与广东省饶平县隆、深二澳，合置南澳厅（见《清史稿》福建篇）。南澳厅最高行政长官（相当于县令）黄静宁每餐必鱼，但不能有鱼刺，如有鱼刺则厨师要

龙头鱼丸店

受罚。新到的厨师刘山海战战兢兢地伺候着老爷。一日，黄静宁要招待漳州知府，命刘山海制作鱼宴，这个新厨师心理压力很大，便狠狠地用刀砸鱼。砸着砸着，他惊奇地发现鱼刺鱼骨竟自动脱落，鱼肉成为鱼茸。正在此时，客厅传来催菜声，刘山海急中行智，顺手将鱼茸捏成丸子，不假思索地投入汤锅中。不一会儿，一颗颗色泽洁白、鲜嫩可人的鱼丸就浮现于汤面之上。刘山海把它舀入碗中，加入调味料后上桌。黄静宁一尝，称赞它是"绝世珍馐"，赏银五两。从此，这一新颖的做法渐渐传入民间，鱼丸之名也不胫而走。

200号面线糊

地址：龙头路200号

现在的人做生意，都喜欢做广告；不舍得花钱做广告的，起码也喜欢过过口瘾，在顾客面前自吹自擂一番，期待着人们口口相传，弄出个民间传奇来。

偏偏有人反其道而行之！一天，你听说龙头路200号的面线糊很好吃，便顺着门牌找去。龙头路的门牌就像扑克洗牌之后的状态，零乱而无序，很考验人的智商。好不容易口干舌燥地找到198号就断了音讯，隔壁依稀有一个门牌，剩下一个若隐若现的"2"，像是有人故意抹去后面的号码。

倘若你是在早上十一点以前去找，总见得到有人在那里唏里哗啦地吃得很开心，还不断有人提着饭盒装回去孝敬爹妈或疼爱儿女，也就不难断定它就是你要找到面线糊店了。如果十一点之后去找，估计就丈二和尚摸不着头脑了，200号已经不卖面线糊了，店面借给亲友卖糍粑、甜饺等小吃了。

说实在的，面线糊这种小吃，闽南人视为至宝，北方人未必叫好，所以你若从很远很远的地方来，就不必为找不到面线糊店

200号面线糊店

200号面线糊

而遗憾了。套用花时间咖啡馆的一句名言:"遇见才遇见,错过就错过。"

当然,如果你是一个美食爱好者,将美食的重要性排在美景之前,面线糊就是你不得不品尝的厦门小吃了。以大骨熬汤,加猪血煮面线,本来只是寻常早餐。当虾仁、鱿鱼、海蛎、大肠、猪肝、瘦肉、卤蛋、油条等粉墨登场,排成一溜,任你挑选组合时,它就变得隆重而繁华了。这时候的点菜就有了个性色彩,犹如晚餐时老妈问你明天早餐吃什么,你得神往地动一下脑筋。面线糊加了你想要的配料后,店主还会在碗里加上葱花、芹菜末、芫荽、胡椒粉。经过这样的折腾,一碗面线糊怎能不活色生香呢!

在你看来,地方小吃若不能化简单为复杂,玩出花样来,就不会博得花心食客的喜爱。比如广东的白粥,要是不被弄成状元及第粥、荔湾艇仔粥、皮蛋瘦肉粥等五花八门的粥,恐怕也难以天下闻名。

你找到龙头路 200 号了吗? 还找不到,那就找警察叔叔吧!

鼓声路海鲜大排档

珍珍餐饮店
地址:鼓声路 28 号之 1
黎明饮食店
地址:鼓声路 28 号之 2

吃海鲜大排档,有"垒起七星灶,铜壶煮三江;摆开八仙桌,招待十六方"的江湖气势,按理说是没什么情调可言的。然而,到了鼓浪屿的鼓声路,吃海鲜大排档也是眼里涌波涛,心中漾浪花的呢!

尤其是夏秋时节,尤其是黄昏时刻,那荡气回肠的海风,那金帛珠玉般的海水，弄得人神志恍惚，弄得本地产的大白鲨啤酒宛若琼浆玉液，弄得炒海瓜子、白灼虾、酱爆茄子都像盛宴上的珍馐。

"珍珍"与"黎明"这两家海鲜大排档的老板都忙得晕头转向了，然而他们的心是喜悦的。珍珍是一个女人的名字，以她的名字来命名一家店，说明她在家有"一言九鼎"的权威。不过，她对食客是热情的，仿佛总在对你说，你才是权威的！

一个秋夜，你和一帮诗友在此觥筹交错，吃完海鲜之后，珍珍送上几串刚从鼓浪屿某个亲友院落里摘来的龙眼，瞧那龙眼比人的眼瞳还要小，却甜得让心花恣意绽开，绽放得比牡丹还要大。趁着大家都有闲情，你就问起她家的历史。她说，二十多年前她和丈夫搬到鼓浪屿住时，房租好便宜啊，一个月才一块多钱！别瞧这房子像平房，也很有历史呢，据说是新加坡李光耀夫人柯玉芝（祖籍厦门同安）的房产，托亲戚代为管理。

这时珍珍刚高中毕业的女儿过来了，显然她们母女的关系好得像亲姐妹。珍珍不无骄傲地说，女儿语文念得非常好，舒婷的很多诗她都会背。我试探地问，舒婷就在鼓浪屿，你们认识她吗？她们都说不认识。呵呵，其实舒婷每天健走锻炼身体都要经过她家门口，有一次她请刘登翰吃饭，你作陪，也是在她家的大排档。人生中确实有很多玄妙的缘分，"有缘千里来相会，无缘见面不相识"说

鼓声路海鲜大排档

鼓声路海鲜大排档

的大概就是这样的道理吧。

"黎明"的老板把头发扎在脑后，看起来像个流浪艺术家，这里离鼓浪屿工艺美术学校很近哦，近朱者赤吗？你也在他家吃过海鲜，与"珍珍"大同小异。你觉得这两家就像鼓浪屿海鲜版的"肯德基"与"麦当劳"，因为有竞争，所以构筑了一种生态平衡。

它们离鼓浪别墅、美华浴场很近，恰好构成吃、住、娱一条龙。不过，切不可将这片小天地视作高档享受的场所，否则还是会失望的。

北仔饼

地址：龙头路 302 号

说起厦门的小吃，就不能不佩服厦门人推陈出新、兼收并蓄的能力。比如麻糍、肉松、鱼丸、奶茶都不是源于厦门，却硬是被厦

北仔饼

门人做成了"中华老字号"，变成了地方特色小吃。北仔饼更是如此，经过七八十年的岁月，厦门人保留了北方烧饼的外皮，馅料已经从原来的猪肉、葱姜，变成了沙丁鱼酱、肉松、贡糖、甜辣酱、酸萝卜和芫荽等等。拿着这样入口酥香、甜中带酸、口感复杂的烧饼给北方人吃，他们一定不认可这就是武大郎炊饼演化而来的食物了。不过，深情的厦门人还是不忘旧情，坚决不改北仔饼的冠名权。

据老人家说，上世纪二三十年代厦门闹市和鼓浪屿龙头路有好多家北仔饼店，而且颇受市民喜爱。如今厦门和鼓浪屿各剩下一家，也应归类于"濒危保护食品"。在龙头路找北仔饼，最好先找赵小姐的店，因为北仔饼就在几步之遥，一个摆在理发店门口的大铁桶"烤炉"，上面放着一些金灿灿的烧饼就是最好的招牌。这里卖的北仔饼最主要的有两种，一种是酥皮上有芝麻的甜饼，一种是黄色咖喱都会透出表皮的咸饼。当然，如果你有特殊要求，老板可以为你特别现场制作，加入沙丁鱼酱、肉松、贡糖、甜辣酱、酸萝卜等不同的馅料。

要是来得巧，你可以看见一个女人拿着一块块面团往"烤炉"内壁贴，再靠近些，你会感受到炉里炭火冒出的热气。最好是烧饼出炉时路过，麦香扑鼻，一条小街都因为这样的香气温馨起来。

鼓浪屿人有时也买些空心无馅的北仔饼回家，自己弄些海苔、肉松或者卤肉夹着吃，别有一番滋味在舌尖，在心头。

馆韵。

　　中外风格各异的建筑物在鼓浪屿被完好地汇集、保留，有"万国建筑博览"之称。小岛还是音乐的沃土，人才辈出，钢琴拥有密度居全国之冠，又得美名"钢琴之岛"、"音乐之乡"。岛上气候宜人四季如春，无车马喧嚣，有鸟语花香，素有"海上花园"之誉。有日光岩、菽庄花园、皓月园、毓园、环岛路、鼓浪石、博物馆、郑成功纪念馆、海底世界和天然海滨浴场等，融历史、人文和自然景观于一体。随着厦门经济特区的腾飞，鼓浪屿各种旅游配套服务设施日臻完善，成为观光、度假、旅游、购物、休闲、娱乐为一体的综合性的海岛风景文化旅游区。

鼓浪屿风琴博物馆

地址：鼓新路 43 号
开放时间：8：40—17：00
延伸阅读："迷巷"之八卦楼

　　鼓浪屿现在俨然以音乐岛闻名于世，而追溯起来最早给鼓浪屿人音乐滋养的乐器是传教士带来的风琴。

　　每年给厦门带来影响的台风多在菲律宾洋面上生成。19 世纪中叶，一些西方传教士就是从东南亚的殖民地启程，开始了他们前途未卜的鹭岛旅程。他们随身带着原版圣经，行囊中打包着小型风琴或吉他，犹如浪迹天涯的背包客。然而，等待着他们的不是诗意的风景，而是"穷困幽暗、拥挤不堪的厦门坐落在岸边狭窄的地带上，古老而令人犹生怜悯之情"（1933 年荷兰人 J.Slauerboff 在散文《春岛》中如此描述当年厦门景象）。

八卦楼现在成了风琴博物馆

好在鼓浪屿成了乱世中的避风港，当 20 世纪初鼓浪屿相继建起了大教堂，风琴上方数以百计的音管，排列成了俗世与天堂的传声器，从天堂传来的天籁之音就从那里流淌出来，注入信众亟待滋润的心田。

如今展示在八卦楼里的数十架风琴，不是鼓浪屿本身历史的遗存。这些形态各异的管风琴曾经是西方古老的教堂里的宝贝，在教堂拆迁或重建时，被旅居澳大利亚的著名收藏家胡友义重金买下，近年才落户到了他的故乡鼓浪屿的。

风琴博物馆陈列品

以前有人收藏汽车，就已经让你心里犯嘀咕，这得拥有多大的地盘来安置它们呀。胡友义收藏的风琴中有高达三层楼的，真不知该拥有多大的天堂来收藏这些翅膀啊！

八卦楼是有幸的，它曾经收藏了林鹤寿的一生梦想，如今又收藏了胡友义的一世钟爱。

走进八卦楼，首先夺目的是产自英国的诺曼·比尔管风琴，它是由全世界最好的管风琴制造商罗门彼尔公司于 1909 年制造的，琴身高达 6 米，由 1350 根音管组成，有 3 层键盘和 21 个音栓。而最难得的是它还保存着完好的手摇风箱系统，成为一台在世界上少有的既能用电力鼓风又能用人力鼓风的管风琴珍品。这台庞大的管风琴可算是 20 世纪初世界管风琴制造业的巅峰之作，是世界管风琴家族中最好的产品之一。

不过诺曼·比尔管风琴还算不上是风琴博物馆的镇馆之宝，目前博物馆里珍藏的另外两架未安装的管风琴要比它更精美，体积更大。它们就是麦肯西·利得管风琴和多德管风琴。

此外，在八卦楼的一二楼展厅、过道里还陈列着有"风神"之称的 Aolian 半自动风琴，音色丰富的电子风琴，带镜子或烛台的风琴，还有设计简单，便于携带的卖艺小风琴……那是一部活的风琴发展史啊！

细心的观赏者必定会在一些风琴历史图片前驻足，通过这些图片你能知道它们的出处，以及它们安装在原来教堂里的富丽辉煌。如果你更细心点，就会在长廊的拐角处，发现一只竹管音器——笙，边上标着一行字："世界上最古老的风琴。"此时，你也许会心一笑，也许不以为然，毕竟那是弹奏方式完全不同的乐器，虽然它们用的都是风管发声的原理。

参观过鼓浪屿风琴博物馆，你必定会感到有点美中不足，要是有人在现场弹奏多好啊！天籁之音，对许多人来说是抽象的，八卦楼完全可以把它变成令人迷醉的具象。

鼓浪屿钢琴博物馆

地址：鼓浪屿菽庄花园听涛轩

开放时间：8：15—18：00

门票：20元（包含本馆、菽庄花园、观复博物馆厦门馆）

钢琴与风琴的外观很相似，它们的最大区别是一个是靠小锤打击琴弦发出乐音，一个靠气流吹响音管。在空旷处，风琴将带着你的心灵飞翔；在向阳的客厅里，钢琴将把你的心灵幻化成波光粼粼的大海。

鼓浪屿钢琴博物馆

如果说风琴给鼓浪屿人带来了西方音乐的启蒙，那么钢琴给鼓浪屿人带来的是对西方音乐的迷醉。20世纪初，正是鼓浪屿"新学"教育兴起之时，岛上开设的多所书院、学校课程都有"音乐"一门，主修西方音乐。从此，鼓浪屿人对钢琴的热爱一发不可收，形成了鼓浪屿代代传承的音乐传统。这好比前辈栽了一大片番木瓜树，等到它们长大了，就年年有果实挂满枝头。现在挑几个硕大的果实来说，周淑安（20年代），林俊卿（30年代），殷承宗、吴天球（50年代），许斐星（60年代），许斐平（80年代），陈佐煌、许兴艾（90年代），他们都是鼓浪屿培养出来的具有国际或全国知名度的音乐家。

还有一枚硕果是"墙内开花墙外香"的，那就是钢琴家、收藏家胡友义。他1936年诞生于鼓浪屿；成年后赴上海拜著名钢琴教育家李嘉禄教授（亦是鼓浪屿人）为师；1965年，他获得奖学金赴比利时布鲁塞尔皇家音乐学院主修钢琴和管风琴；从1974年起，他开始收藏钢琴、风琴，至今已收藏了100多架产自于美、英、德、奥、法、意等十几个国家不同时期的名古钢琴、风琴；这几年，他将自己的全部藏品分批捐献给了鼓浪屿钢琴博物馆和风琴博物馆。准确的描述应该是，因为有了他的捐献，鼓浪屿才有了这两座填补了国内空白的钢琴博物馆和风琴博物馆。

如今的菽庄花园总是游人如织，人们可能忽略了林尔嘉精心营造的藏海补山的园林意境，而执著地奔向全国唯一的钢琴博物馆。

钢琴是鼓浪屿的灵魂　　　　　钢琴博物馆展品

据说，1913 年，鼓浪屿华人拥有的第一架钢琴也出现在这里，那是由菽庄花园主人林尔嘉购进的。倘若果真如此，鼓浪屿钢琴博物馆落户菽庄花园真是适得其所了。

当你第一次推开听涛轩的门，脚踩在深色的胡桃木地板上，心灵的双翅就随钢琴悦耳的旋律悄然张开了。你看到了 1801 年产于英国伦敦的克莱门第，那是你久闻大名此时有缘一见的"古钢琴之父"（克莱门第是第一位制造钢琴的音乐家，也有人将他尊称为"古钢琴之父"）；1864 年产于美国的斯坦威，是世界顶级钢琴的样板，斯坦威在钢琴界有 100 多项专利，几乎所有著名的钢琴家都在使用这个品牌的钢琴，这件斯坦威的早期钢琴更是弥足珍贵；还有

1847 年制造于英国的布罗德伍德，1899 年制造于澳大利亚的比尔勒，1905 年制造于德国的贝克斯坦……

　　这里展出的近百架钢琴，形态各异，每一架都出类拔萃；其制作时间跨度达 200 年，是一部形象生动的钢琴发展史。

　　与风琴博物馆不同的是，钢琴博物馆有固定的演奏时间，游客还能欣赏到这些名古钢琴发出的悠远、淳厚、悦耳的音韵。落地窗外，是湛蓝的大海，是云彩的天空，是阳光洒在三角梅和相思树上的斑驳光影，纵是你是音盲，也会因为这样的情景交融而心潮起伏起来。

　　参观完钢琴博物馆，从菽庄花园后门出来，就是与大海相连的田尾路。这时候你的耳朵对音乐高度敏感了起来，很快就隐约听到小路深处那扇深蓝色的百叶窗里飘出来的琴声，那是肖邦的钢琴协奏曲还是李斯特的匈牙利狂想曲？

从菽庄花园看港仔后海岸

观复博物馆厦门馆

地址：鼓浪屿菽庄花园内

开放时间：8：15—18：00

门票：20元（包含本馆、菽庄花园、钢琴博物馆）

名宅、名园最不可缺少的就是名家具。鼓浪屿历经百年沧桑，留存下来的明清家具不多，而观复博物馆正好弥补了这一不足。

进了菽庄花园大门，你首先见到的是长长的影壁墙，其作用是用来藏海的，不让你对美丽的风光一览无余。而古代豪门喜欢建影壁墙，主要是用来阻挡来自大门外强烈的气流，使呼啸而来的气流速度减慢，与住宅内的空气相协调。所谓"曲者有情"；说的就是一种风水原理。菽庄花园的影壁墙两侧，原先开了两个月洞门，如今左边的月洞门依然保持原样，是领略"柳暗花明又一村"

观复博物馆入口处的古典家具

黄花梨架子床

辽代古家具

铁力木画案

的通道；右边的月洞门已经成了观复博物馆的入口，内有8个展厅，室内装饰、展品陈设、灯光效果到说明标签都给你一种温馨舒适的感觉。数十件美轮美奂的中国古典家具：黄花梨架子床、万历柜、双龙如意云纹交椅、榉木拔步床、长案子、红木大宝座、半桌、铁力木画案，以及一溜太师椅和圈椅，犹如长卷国画在你面前缓缓打开。这些家具无一不是同类家具中的上乘之作，从中可以全面了解中国古代家具的源流。

中国人逛博物馆，总爱问镇馆之宝是哪一件？你也是这么好奇的人。经打听，知道这里的镇馆之宝是一套辽代家具：栏杆式罗汉床、炕桌、棋桌和两张灯挂椅。辽代的统治阶级为北方游牧民族，床和炕桌是辽人日常起居的中心，一张床不仅可用来睡觉休息，还兼具研读书写、用餐和会客的功能。这五件珍贵的辽代家具为专家研究辽代历史提

黄花梨双龙如意云纹交椅

清中红木半桌

供了有力的实物例证。

如果你是明清家具爱好者，一定不认为这套辽代家具是镇馆之宝，因为你更喜欢那张孤傲地挺立于展馆中央的黄花梨双龙如意云纹交椅。这张明代交椅摆在那儿，就有帝王之威仪。椅圈粗细大小、圆弧弯曲、倾斜高低，各个方面无不合度，与其他各部分结构协调，整体效果一流。靠背板浮雕朵云双螭纹开光，花纹优美大气；构件交接处，包裹铜件，足见其精美绝伦。

好奇的你还有一个疑问：为什么叫观复博物馆呢？"观复"出自老子《道德经》第十六章，"观"即看，"复"即一遍又一遍。世间万物你只有静下心来一遍又一遍反复仔细观察，才能认清它的本质。你不禁赞叹给博物馆起名的人特有文化，当你知道中国最著名的收藏家马未都先生为观复博物馆创办人时，连说"难怪！难怪！"博物馆总部设在北京，目前只在杭州、厦门设了分馆。

观复博物馆的藏品不仅有价值连城的古典家具，还有许多陶瓷珍品。在厦门馆里，也有一间"中国古代陶瓷小品展厅"，展出了上至唐代、下至民国的十多件精美陶瓷制品，尤以清代粉彩团蝶纹碗最为名贵。此碗造型轻盈秀巧，胎质洁白细腻，釉面细润纯净，纹饰色彩丰富艳丽，画面生动逼真，体现了雍正瓷器淡雅柔丽的时代风格，是雍正粉彩瓷中的绝美之品。

走出这家小巧玲珑的博物馆，你多希望自己家里也有一件祖传的家具或瓷器呀。不禁感叹一声："长辈老说下一代不争气，我看长辈也不争气啊！"

郑成功纪念馆

地址：永春路73号

开放时间：8：00—17：00

门票：60元（包含本馆、日光岩景区、百鸟园）

延伸阅读："迷巷"之西林别墅

西林别墅注定是不平凡的，在数以千计的鼓浪屿老别墅中，它虽历尽风霜，却依然保持着玉树临风的气质。

或许正是因为这一点，1962年厦门市要为纪念郑成功收复

在老别墅上眺望鹭江两岸风光

郑成功纪念馆正门

台湾300周年建立一个纪念馆时，毫无争议地选择了西林别墅。

日光岩是郑成功屯兵扎寨、操练水师的地方，至今仍然有寨门、水操台等遗址可以寻访。水操台边的巨崖上刻着"闽海雄风"四个大字，圆润饱满，酣畅刚健；另一巨石上，刻着郑成功手书的一首五绝："礼乐衣冠第，文章孔孟家。南山开寿城，东海酿流霞。"底下还刻着"郑森私印"和"成功"两方印章。

郑成功纪念馆现有7个陈列室，以实物、文献、模型、雕塑、绘画等形式，系统地介绍了郑成功抗清复明，驱逐荷兰殖民者，收复并开发台湾的业绩和爱国精神。陈列品中有郑成功的画像、笔迹、玉带、印章、袍服、墓志铭及郑氏族谱，还有郑成功军队的关防、藤盔、藤牌、铁甲（残片）、战袍（残片）、大炮等。经过40多年的研究和积累，郑成功纪念馆已经成为海内外规模最大的郑成功文物、文献收藏中心和研究基地。

自从你上次在西林别墅三楼弧形宽廊的无敌美景前流连忘返之后，你总是向外地来的朋友推荐郑成功纪念馆。你总是不厌其烦地对他们说，即使对郑成功不感兴趣，你

郑成功纪念馆西式楼

郑成功纪念馆之仿古战船　　　　　郑成功纪念馆陈列

也要去，因为西林别墅本身就是一件不可多得的建筑艺术品，何况它的三楼风光……

倘若给你多一点时间，你必定会跟朋友谈起西林别墅的原主人黄仲训，讲他的狂傲、痴情、文采，还有那段传为笑谈的"黄仲训气吞日光岩"故事。

林巧稚纪念馆

地址：复兴路 102 号

开放时间：8：30—17：00

延伸阅读："迷巷"之林巧稚故居

即使你不信仰基督教，可你还是相信人间有天使，并且热爱这些天使。在你的记忆中，弗洛伦斯·南丁格尔（1820—1910）是天使，诺尔曼·白求恩（1890—1939）是天使，林巧稚（1901—1983）是天使。前两个天使离你很远，林巧稚离你很近。

每一个人间天使都会在身后留下很多感人的故事，林巧稚的故事在鼓浪屿更是妇孺皆知。一个天使亲手接生了 5 万多个中外婴儿，其中有相当一部分是因为孕妇患有疑难杂症而通过林巧稚的治疗而顺利降生的，这些人感念她从死亡线上抢救出自己的婴儿，就给自己的孩子取名为：念林、爱林、敬林、仰林等等。

1941年底，太平洋战争爆发，林巧稚任职的北京协和医院关门。她在北京弄堂小胡同10号租几间房子，开办私人诊所。她有一个特殊的出诊包，包里总带着现钱，对贫病交困的病人，她不收分文药费。有时看到产妇家里揭不开锅，还掏钱给产妇买营养品补身子。

天使说的话可能很轻，很平常，然而每一句都是可以让你记一辈子的。林巧稚常对自己的学生说："对于一个人来说，生命是最宝贵的，而现在这个人对说你，我把生命交给你，那么你还说什么呢？你冷？你饿？你困？"

每次见到产妇阵痛伸出手乱抓之时，林巧稚都会把自己温暖的手伸过去让产妇抓握。她说："我不能让孕妇在这时去抓床头上的铁栏杆，因为那样手关节是要受凉落下病的。"

这个天使的第一特征是爱心，第二特征是拥有超乎寻常的能

林巧稚大夫塑像

林巧稚纪念馆

力。林巧稚就有这样的能力,她作为北京协和医学院的高材生,在长期的临床实践中,攻克了许多妇产医学的疑难杂症,她的研究成果填补了中国医学的多项空白。

林巧稚出生在鼓浪屿,最后也安葬在鼓浪屿。在林巧稚纪念馆里,你可以看到林巧稚生前的照片、她用过的手术工具、皮箱和外国友人赠送给她的物品,包括了美国前总统尼克松等政要赠送的礼物。

林巧稚纪念馆周围是一片恬静美丽的园林,有林巧稚慈祥的汉白玉石雕,邓颖超同志亲手在园中种植的两株南洋杉,象征着林大夫秀逸高洁的品格。

怀旧鼓浪屿博物馆

地址:晃岩路 38 号(原德国谦记洋行)
开放时间:8:30—17:00

对于街边突然冒出来的私人博物馆,你是警惕的,因为怕被假古董忽悠了。要不是因为晃岩路 38 号红砖楼是原德国谦记洋行所在地,你是不会走进怀旧鼓浪屿博物馆的。

这一进,你才发现这满室满廊的展品都是真古董啊,它所收藏的鼓浪屿旧物的品种之丰富,恐怕连厦门市博物馆都自叹弗如呢。

红砖楼的庭院里放着西洋马车、洋行铜狮子,开始你以为是新东西,仔细一看都是老宝贝呀!一楼大厅中央放着一张造型别致的红木大理石面圆桌,圆桌背后是一个老式精致的大橱柜,上面安放一块色泽已呈暗红的铜牌,上面浮雕着"英国驻厦门领事馆"的中英文和英国国徽,这是鼓浪屿租界时期遗留下来的最重要的文物之一。

鼓浪屿怀旧博物馆

博物馆陈列分为外国领事馆、洋人乐园、万国俱乐部、西洋餐厅、老鸦片馆、老照相馆、华侨会所等十多个展厅,2000多件展品令人目不暇接。当你一路欣赏了"空有其表"的鼓浪屿老别墅,再来到屋里屋外堆积着无数古旧物品的怀旧鼓浪屿博物馆,你会有一种完美的感觉,因为这里的一切帮你复原了历史的真实,让你对鼓浪屿的租界生活有了直观生动的印象。

虽说你连伦敦的大英博物馆、巴黎的罗浮宫博物馆都参观过了,然而,眼前这个私人博物馆还是给了你不同的惊奇:设计巧

丹麦青花汤盘

滤水器

英国领事馆茶具

立式手摇冰激淋机

妙的烤面包机、不用插电的冰箱、立式手摇冰淇淋机、匪夷所思的荷兰保温瓷盘等等，这些东西有点像当年的科学小发明，看似简单却充满智慧，看似不值很多钱却只有洋人或富商家中才能拥有。这些生活中实用的器具，或许顶级博物馆不屑于收藏，于是私人博物馆就填补了这一空白。

你曾在田尾路见过那个以纸醉金迷、灯红酒绿闻名的万国俱乐部（即乐群楼），仿佛正在整修中，里面空空如也，只有外面高过楼宇的石栗树枝繁叶茂，果实累累。你曾经因为这一景象而感叹过岁月的苍凉。然而，此时在这里你却发现了曾经在万国俱乐部里滚来滚去的木质保龄球，摆在酒吧里的铁质雕花红酒架……旧时光变得非常具体，无比生动，恍然能够感觉到一双手的把握和持有。

怀旧鼓浪屿博物馆里还有一些东西是迷人的，一套完整漂亮的英国领事馆瓷质茶具、造型别致的丹麦青花汤盘、雅致造型的三角留声机等等。如果想找具有重要文物价值的展品也是有的，比如黄奕住的账本、13 个领事馆留下来的银币、租界时期的地契、白登弼的印刷模板等等。当然，还有数以百计的老家具、灯具、钟表，原来分散在鼓

鼓浪屿怀旧博物馆

英国驻厦门领事馆招牌

浪屿的千百幢老别墅里,如今都被一个有心人收集到一起。这个收藏者就是来自台湾的洪明章,这是一个疯狂的人,有钱,有眼光,短短七八年的时间,收藏的鼓浪屿旧物就有2万多件,其中仅家具藏品就有1万多件、瓷器藏品有2000多件、鼓浪屿老照片1000多张……

文明世界的实物遗存,很大程度上要归功于一代又一代的收藏家,正是他们让考证历史细节成为可能。当今天也变成旧时光,当岁月渐行渐远,研究鼓浪屿历史的人也会感激一个叫洪明章的人。

留声机

做梦。

如今的鼓浪屿，仿佛每一条长长的巷子里，都能偶遇风情万种的家庭旅馆。因为有了它们，鼓浪屿的涛声琴韵，才能以躺卧的方式慢慢品赏。

对于风尘仆仆的旅行者来说，旅馆就是他们洗去汗水、祛除疲惫、享受温馨的驿站。鼓浪屿充满诗意和怀旧气息的老别墅家庭旅馆，远不止是旅行者临时憩息的驿站，更像是他们梦想中的家园——枕涛而眠，闻香而梦，在花影茶韵中释放着心灵深处潜藏已久的浪漫。

住在那里，你会有主人的感觉，那是一个真实而温暖的家。后院里晒着花花绿绿的被单、T恤和裙子，阳光从鹭江的波涛上漫来，空气中鼓荡着若有若无的香气，你分不清是草香、花香还是衣被上的清香。这样的日子，人们都习惯地叫它好日子。

娜雅咖啡旅馆

地址：鹿礁路 12 号 B 栋

娜雅咖啡旅馆的主要创办者之一叫有病（网名），虽然他看起来很瘦，其实比谁都健康。有病是厦门著名的户外运动发烧友，职业是建筑装修设计师，他先是玩山地穿越，常在深山老林里考验自己的生存能力；后来玩帆船、游艇，劈波斩浪向西沙群岛出发，据说跟随报道并九死一生回来的记者从此确信，他真的有病！

有病发起经营娜雅咖啡旅馆，开始并没有多少人看好，因为此前鼓浪屿旅馆业颇为萧条，连原美国领事馆改建的旅馆也是门可罗雀。多数游客总是玩在鼓浪屿，吃住在厦门岛。

有病显然是有备而来，基于他对鼓浪屿文化底蕴与自助旅行者喜好的了解，他先是选定了鹿礁路上的一幢老宅（原德国商人的私宅），这里离轮渡只有百米之遥，交通便利（鼓浪屿上只能靠脚走路，这一点至关重要）；接着他发挥自己所长，投天下浪漫男女所好，赋予每个房间不同的主题。

现以麦田房为例，领略一下熟读装修秘籍的有病诱人的绝招：卧室的墙是绿色的，象征春天的麦田，浴室的墙是金黄色的，象征着秋天的田野。住过星级酒店的人都知道，卧室大不奇怪，奇怪的是浴室大得像卧室。麦田房的浴室有 10 余平方米的浴

娜雅咖啡旅馆大门

娜雅咖啡旅馆是旅行者舒适的家

室，中央放着一只百合花状的漂亮浴缸，这哪像是泡澡呀？简直像影视拍摄中心，拍的是法国皇后出浴那场戏。呵呵，像这样的房间不提前一个月预订，估计没你的戏。

在娜雅，与麦田房异曲同工的还有花园房、雪山房、草原房、森林房，都以超大的浴室、超美的浴缸、超宽的床榻吸引人。对旅行者而言，旅馆设施中有两项是他（们）最为关切的，一是浴室，二是床榻，两样都是祛除疲劳的关键。娜雅这几个顶级房间里，床榻宽度都达到1.8米，席梦思舒适度极好，怎么折腾它都没有咿咿呀呀的声响，棉被松软，有清新的香气。这样档次的房间若是放在星级酒店，房价估计要在千元以上，不是普通的旅行者可以接受，而在娜雅只要380元。同时，为了吸引那些以节俭著称的背包客，娜雅也备有每张床位只有50元的房间。大有将低中端客户一网打尽的雄心！

有病还将自己的爱好融入对房间的命名中，峪谷、海洋、小溪等等，无不是他所热衷的户外运动的美好记忆。娜雅的院落里有开不完的鲜花，四季常青的绿树，肾蕨的葡萄茎就在壁灯的光影里微微地摇动，无论在哪个角落坐下来，心灵都会沐浴在阳光和柔风中。若有叹息也是轻轻的，为某个没有如约而来的友人。每逢这样的时刻，总会有一只或几只小猫跑来安慰你。娜雅养了好多猫，有的叫芬达、张三疯、刘面条，有的叫武松、宝玉、林青

141

娜雅咖啡旅馆

霞，它们就像一群心理医生，适时地出现在你的身边，将你无处安放的爱暂时受领下来。看到芬达或宝玉蜷缩在阳光下酣睡的模样，你一定会悟觉，世上很多烦恼都来自于清醒。

娜雅一楼有很舒适的咖啡书房，很美味的芝士蛋糕以及很容易 High 的德国黑啤、葡萄酒。这样的情调里带着一点点德国味，那是这片宅地曾经的遗存，或是有病的刻意营造？

肚子饿的时候，娜雅的西餐颇能解馋，三文鱼意大利饭、英式牛肉派、水果披萨……餐后还有木瓜牛奶、香草冰淇淋。望着窗外木栅栏上探头探脑的万年青，一餐饭的功夫，仿佛这些植物又长高了。这是幻觉，因为美好，你宁愿相信是真的。

娜雅咖啡旅馆的生意好得令人眼红，这极大地鼓舞了一批创业者，他们大量借鉴娜雅的装修特色和营销方式，并加入自己的个性元素。如今的鼓浪屿，仿佛每一条长长的巷子里，都能偶遇风情万种的家庭旅馆。因为有了它们，鼓浪屿的涛声琴韵，才能以躺卧的方式慢慢品赏。

国际青年旅舍

地址：鹿礁路 18 号

鹿礁路的门牌号也是秉持"洗牌"原则，乱作一团。国际青年旅舍位于 18 号，却与 12 号的娜雅咖啡旅馆为邻，而 14 号、16 号都在对面，13 号和 15 号更是远离此处 300 米以上。

据说国际青年旅舍也是原德国商人的私宅，与娜雅犹如亲姐妹，连最终的命运也一样，都成了鼓浪屿的知名旅馆。比较而言，国际青年旅舍有更多的廉价房，它的主要客源是来自世界各地的背包客和青年学生。

以前在你的印象中，国际青年旅舍通常在城市最杂乱的街巷中，空间逼仄，进出的人都行色匆匆，是背包客的临时栖身之处，没有什么情调可言。然而，鼓浪屿国际青年旅舍却改变了你的偏见。它的户外休闲庭院比娜雅的更大，枇杷树下、白色遮阳伞下放着原木的桌椅，呈现一种古朴典雅的美。就它的主楼而言，是

国际青年旅舍

大坡顶型的，造型比娜雅的更具欧式风情。尤其是住在二楼的客人，楼层空间高得让你想拥有一个长梯，爬到高处应能窥见天堂。站在二楼阳台，可以看到鹿礁路就在你的眼皮底下一分为二，岔路对面的百年老榕树欲将繁茂的树枝伸过来，透过密匝匝的榕树叶，可以望见原日本领事馆的红砖楼。

走进国际青年旅舍主楼，最强烈的感受是一楼有很大的公共

国际青年旅舍

空间，那是留给住客的室内休闲阅读区、上网区、聊天区，住客可以在旅舍的墙上展示自己的摄影作品、游记等文字作品。国际青年旅舍是全球连锁的经济型旅馆，旗下有5万多家旅馆，在世界各地，每天都有数以万计的自助旅行者，在这些旅舍里相识、相知或相爱。他们互相交流旅行资讯，结伴而行……国际青年旅舍倡导："文化交流，简朴而高素质的生活，自助及助人。"在许多人看来，它也是全球经济型酒店的开拓者和引领者。

"我们没有多少钱，但我们也想远走高飞！"每一个青春的梦境里都有国际青年旅舍的背影，那是遥远的旅途中亮着温馨灯火的家。

李家庄

地址：漳州路 38—40 号

延伸阅读："迷巷"之容谷

李家庄建于 1926 年，那是木材大王李清泉送给父亲的礼物，是一个安享晚年的惬意所在。如今成了装修时尚的咖啡旅馆，有缘人都可以在此安享闲适美好的时光了。

在重庆旅行时，你曾经在公路上见过一个旅馆广告：大大的床，大大的房……住鼓浪屿别墅旅馆，还得加上一条：大大的庭院，那才是舒心的源泉啊！对了，还得有个大大的浴缸。当热雾迷蒙时，或许窗外茂密的龙眼树会知趣地伸进果实累累的枝头。李家庄真的能给你这样白日梦的感觉。

李家庄的客房分类一定会让那些思想觉悟高的老同志不舒服，什么老爷房、少爷房、公主房等等，然而，你要说，住在里面的感觉还真是舒服！拱券的长廊改造而成的大浴室，坐在金色兽腿的流线型浴缸里可以望见林语堂岳父家的花园；卧室里的家具无一不是洛可可风格的，仅那张临窗而置的宫廷贵妇椅已经能安放下许多离奇的梦想。

然而，你更喜爱李家庄植物繁茂的庭院。你相信，识花草的人进来肯定会惊讶得有眼镜的掉眼镜，没眼镜的掉

李家计休闲

李家庄美丽的庭院

下巴。站在院落中央欢迎你的是一棵茎苍叶秀的桫椤，细看边上还有一棵小弟弟。你喜欢桫椤茎端可爱的拳卷叶，当然更多的人喜欢它的孔雀尾。这种与恐龙同时代的植物名列国家一级保护的植物之首，鲜有在私家庭院里出现的。当年李家庄一种就是两株，足见原主人爱好之奢侈。2007年底重新装修这幢老别墅时，这两株宝贝可没让承租者少操心，先是花重金寄养别处，装修好又迎了回来，每个月还要花不少钱请"专业奶妈"照看它们。小旅馆开业之后，生意入不敷出，然而桫椤的"牛奶费"从不减少。

不止一人好奇地问过经营者：这么娇贵的植物怎么不将它卖了，换个易养的？这个土生土长的鼓浪屿人，一个"80后"的帅小伙子的回答再次让有眼镜的掉眼镜，没眼镜的掉下巴，他说："这怎么可以？我们几个好朋友开这个旅馆就是因为不忍心看这幢老别墅荒废下去，没有利润先行的想法。桫椤本来就是李家庄古老风情的重要象征，少了它们，就像一个人少了灵魂。"

啧啧，多么书卷气的语言啊！这几个鼓浪屿年轻人主要做的是土特产生意，李家庄咖啡旅馆更像是他们的精神家园，他们希望这里像年少时的记忆一样清纯美好。

李家庄院落里还有另一种树也让新主人心惊胆战。高高的鳄梨树啊，千万不要将二三斤重的果实砸到不叫牛顿的那个人的头，要砸就砸在石阶上，裂开，有人递来银勺。

李家庄的鳄梨树与它的新主人一样挺拔俊秀，进入9月，已经满树憨头憨脑的果实了。据记载，中国是从20个世纪20年代起开始从中美洲引种栽培鳄梨树的，李家庄的这颗应该是第一代引种来的，弥足珍贵啊！然而，主人很犯愁，从2007年底开始，从树上掉下来的鳄梨已经砸破一个工人的头和两把大洋伞，也不知道它还会选择哪个尊贵的头来测试自己的力量？现在每天接待的都是远道而来的宾客，要是砸到他们，有几个人会认为自己是幸运的呢？

鳄梨树最大的果实有三斤重，主人很想将它作成鼓浪屿的独家美味，却苦于没有妙手可以化鳄梨为神奇。虽然离开墨西哥已经半年多了，鳄梨沙拉酱的清甜韵味在你的舌尖尚有余香呢。你想

李家庄客房

李家庄客房里的奢华浴室

帮他一个忙，回到家里找到在墨西哥旅行时买的原版美食书，看到了鳄梨沙拉酱的做法。现简述如下：先把成熟的鳄梨切开去核，挖出淡绿色果肉，加入柠檬汁；再找来洋葱一个、芫荽少许，都切碎了，混在一起搅拌。在你看来，鳄梨沙拉酱的制作难度主要在于对各种配料的恰好把握。你还特别找了一张图片，那是你在乌斯马尔玛雅遗址外的午餐，瓷盘左上方就是美味的鳄梨沙拉酱。

科学家说，鳄梨果肉与人体皮肤亲和性好，极易被皮肤吸收，对紫外线有较强的吸收性，加之富含维生素E及胡萝卜素等，因而具有良好的护肤、防晒与保健作用。美、日等国已将其广泛应用于护肤霜、洗面奶、面膜剂、洗发香波、防晒霜等化妆品上。

李家庄的主人应该不会有开发鳄梨美容功能的念头，能将一盘菜做好，并保佑它别砸到人，就阿弥陀佛了。

一条老巷起起伏伏地伸向海边，在李家庄门口像是涨潮。对于涨潮的海来说，李家庄是令波涛不舍得退去的旖旎的岸。

船屋家庭旅馆

地址：鼓新路48号

睡在船屋，宛若枕涛而眠，那是一代又一代中国诗人眼里的幸福呢！

船屋是一个建筑师奇思妙想的产物，这个建筑师在鼓浪屿很有名，他叫郁约翰，鼓浪屿救世医院的第一任院长。他是鼓浪屿最具传奇色彩的人物之一。在治病救人上，他是心细如丝的医生；在建筑设计上，他又是激情四溢、创意迭出的浪漫主义者。他设计的八卦楼曾经让主人倾家荡产仍然不能圆梦。

显然，当他医院里的医生黄大辟请求他帮忙设计住宅时，郁约翰是手下留情的，他知道黄大辟的财力和现实的需求。依据宅地狭长的特点，郁约翰别出心裁地设计了一幢轮船状的别墅：层层楼房犹如船舱，前面狭长的花园恍若甲板。

这样匪夷所思的设计，只有对高大坚固的轮船充满敬意的人才想得出来。郁约翰是1898年来到鼓浪屿的，从美国到中国要坐三四十天的客轮才能抵达，在这样漫长的旅程中，即使对建筑不感兴趣的人对客轮的结构都应该心存目识，何况郁约翰这样的行家里手呢。

船屋楼高四层，一二层有骑楼式的弧形阳台，廊柱对称，视觉上犹如柱柱擎天，三层阳台的女儿墙上开着一个圆洞，多像轮船上挂着的一排救生圈呀！站在此处，鹭江两岸的美丽风光真是扑面而来呢。好在船屋并不摇晃，不然这日子过得像喝醉酒似的，谁能受得了呀！

黄大辟家有一架名牌钢琴，就放在三楼面海的客厅里，他们家的儿孙个个手上功夫都非常了得，上班能拿手术刀，下班能在黑白琴键上飘飞，因此黄家有

船屋

船屋

医生世家和音乐世家的美誉。如今，鼓浪屿不时会举办家庭音乐会，黄家接待过的听众中有不少鸿儒巨贤。

一个春日，你在鼓新路漫步，发现船屋一楼成了家庭旅馆，真是喜出望外啊！此前想进船屋看一眼，总有些惴惴不安，怕打扰了主人的生活。现在可以堂而皇之地住进去了。倘若黄家子弟在楼上弹琴，你就可以悠闲地坐在绿草如茵、繁花似锦的院落里，品茗赏曲了。

这个甲板式的花园院落像小家碧玉一样可人，船舷般的围墙上爬满了绿色枝蔓，当三角梅盛开时，整个院落就有了姹紫嫣红的花边。有一眼古井，依然有清泉暗涌；一棵与船屋同龄的南洋杉已与楼房比肩，树下是池塘鱼影、花叶良姜、海棠月季和你目光里流淌的深情。

船屋一楼有五间客房，两间面向花园的船长舱是最具浪漫情调的，花园里的美景仿佛就是床榻的延伸，那是美梦的序曲。挂在南洋杉树桠上的鸟笼，里面那只怀春的黄鹂会在清晨将你轻轻唤醒。

住在船屋，你会有主人的感觉，那是一个真实而温暖的家。后院里晒着花花绿绿的被单、T恤和裙子，阳光从鹭江的波涛上漫来，空气中鼓荡着若有若无的香气，你分不清是草香、花香还是衣被上的清香。

这样的日子，人们都习惯地叫它好日子。

喜林阁

地址：鸡山路1号之1

喜林阁的拱券长廊，宽阔得轻易就容下了你的惊诧和舒适，绕屋一周的漫步很快就成为你戒不掉的嗜好。相邻的华侨植物引种园将满目的青翠伸到你的眼前晃悠，日光岩的伟岸犹如你心中可以仰仗的那位王子。当游人如织的时候，那个天风台还真的像伸手可及的王冠。

喜林阁咖啡旅馆

喜林阁咖啡旅馆

　　这是一幢 164 年前的老楼，坚固得如同长在岩缝之上的虬茎，已经熬过了无数的风霜和烈日。很难想象，最初住在棱角分明、刚性十足的宅邸里的竟是柔情万千的女子，来自英国的女牧师（1844 年，英国传教士施约翰到鼓浪屿传福音，创建基督教鼓浪屿伦敦差会，为女牧师建造了这幢房子）。这幢建筑的名字叫作伦敦差会姑娘楼。

　　教会建筑的特点就是有点神秘，双向石阶像一条又一条的戒律通向宽廊；宽廊内侧是一间挨一间的卧室，没有窗户（只有四个拐角的卧室有小窗户），百叶门可以透进丝丝缕缕的光线，像心灵深处若隐若现的温暖的世俗情怀；白洁的墙面，装饰简单的檐线，都体现了英国新教追求朴素的精神。墙上的十字架，床头的圣经，早已与青青的岁月一起褪色、消失。

　　直到这里改叫喜林阁咖啡旅馆，姑娘楼严肃的建筑风格才与浪漫、舒展、迷人等词汇挂上了钩。曾经的地下隔湿层有了小桥流水式的甬道，有了鹅绿色的墙，有了绵亘的摄影图片，引领你走向长桌横陈的自助厨房、发烧天碟的视听室、书香弥漫的阅览室以及与古老壁炉为邻的粉红沙发。天蓝色的留言墙上一句"我来了，你却失约了！"则营造了些许怅惘感伤的气息。

喜林阁的咖啡空间远不仅是地下隔湿层里精心打造的暖昧氛围，楼上回形长廊也摆放着藤编桌椅，常有二三人在那里闲坐，咖啡杯沿的泡沫早已被无数的语言风干、凝固；空阔的院落有几把墨绿色的八角阳伞，阳伞下是小小的圆桌，时有游客进来歇歇脚，感叹一声咖啡太贵就径自走了；有一张秋千椅总是在轻风中晃荡着，等待一对甜蜜的新人或旧人。

邻近鸡山路的院落里有一棵硕壮的鸡蛋花树（又叫塔树花），与伦敦差会姑娘楼同龄，至今依然花繁叶茂，那妩媚的黄白渐变的花朵犹如清纯的 silly girl（喜林阁的英译，意为傻姑娘），绽放得让你莫名地心生欣喜。

在中国，傻的意思远不仅仅是愚笨，还有无忧和幸福的含义。当白昼里你将一双慧眼瞪得疲劳不堪，近视度数越来越深之后，当一周五天你绞尽脑汁、机关算尽地聪明之后，相信你一定愿意将自己变得傻一些，笨一些，在喜林阁没有窗户的卧室里，打开一扇扇心窗，让花香飘进来，让虚拟的惊恐和畏惧赶出去。

幸福原来是很简单的，只是人们经过生命挫折千锤百炼过的智商不肯退哪怕是小小的一步。

悠庭小筑

地址：泉州路 66 号

悠庭小筑给人的第一印象是花店，临街的院落很小，却层层叠叠摆满数不清的花盆，孔雀草、太阳花、夏堇、茉莉、万寿菊、玫瑰……紧随季节的变幻竞相绽放。从二三楼的窗台垂下长长的绿色藤蔓，在蓝色的百叶窗上无比自信地飘拂，让人明白花草带来的愉悦，与它的名贵或低贱没有多大关系。

悠庭小筑是建于1939年的老别墅，即使在当年也不算豪华，一户殷实人家的住宅而已。如今变身为家庭旅馆了，依然给人相似的感觉。小筑虽然有点希腊风格，但是女孩子睡在这里，不会以为自己就是挑起特洛伊战争的海伦，夜里做的美梦也不是相约锦缎华服的王子，而是偶尔想起却永远不忘记的同桌的你。

悠庭小筑的老板是个郭姓女子，喜欢旅行、摄影、做梦。如果在陌生的旅途中相遇，她一定不会引起你的注目。因为她风光旖旎、花枝招展的心灵只有铺展成庭院、房间、长廊上的装饰细节，幻化成提着竹篮收纳凋谢的花朵和枯叶的形象，你才会惊艳，才会心跳加速。

花草不萎蔫，是因为时时得到滋润，家园亦是如此。悠庭小

悠庭小筑

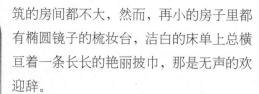

悠庭小筑客房

花堂客栈

筑的房间都不大，然而，再小的房子里都有椭圆镜子的梳妆台，洁白的床单上总横亘着一条长长的艳丽披巾，那是无声的欢迎辞。

悠庭小筑的女主人在自己的网站上写道："房间都收拾好了，花草都种上了，乌龙茶也泡上了……"你还等什么呢？

你很惊奇这个家庭旅馆居然提供那么多服务，除了免费早餐、免费上网之外，还提供多功能插座、针线包、小药箱、熨斗、电吹风、电蚊香片、暖风机等，另有自助厨房（10元／人）、洗衣机（10元／桶）等两项收费服务。要是再加上泳池、舞厅，简直可以评五星级旅馆了。

"你累了吗？你需要我帮什么忙吗？"谁在旅途中这样关切过你？找一家好旅馆，或许就能找到如此美好的感觉。

旅行的迷人之处就在于，你的情感得到了意料之外的滋润。

花堂客栈

地址：鼓新路54号

住花堂客栈要走比较远的路，如果你的行李不多不重，如果你对幽静有特别强烈的向往，那就将一条长长的起伏的鼓新路走穿吧！等待你的是上帝的葡萄园。

做梦

花堂客栈天台上可以眺望厦门风光

花堂客栈楼道

花堂客栈的美丽庭院

哦，说得准确一点，是上帝曾经的葡萄园。因为这幢别墅的原主人有吃葡萄、酿葡萄酒的爱好，所以将一个私家花园弄成了葡萄园。换了热爱绘画的新主人之后，葡萄园就变成了小桥流水、植被葳蕤的花园。

尽管如此，在花堂客栈还是能找到葡萄园的，一间客房的名字而已。花堂的八间客房被命名为玫瑰园、野百合、伊甸园、芳草地等，据说它们都来自《圣经》故事。

由于是将破败的老别墅推倒了重建的，花堂别墅已经没有什么旧迹可寻了，连花园里的植物都是新移民，可是它们却是美的，桑树、柠檬树、日本樱桃，桂树，茶树，含笑……住在这里的人会觉得是自家院落里的风景，平添了几分亲切。

花堂客栈的顶楼天台有一座小亭子，坐在这里泡茶，能饱览鹭江两岸风光。你去的时候恰好是黄昏，正陶醉于迷离的美景，只见一对年轻夫妇端了刚烧好的一大盆螃蟹、对虾等，在天台上摆了一桌，谁见了都会羡慕的。所谓度假，就是换个地方过日子。海鲜和蔬菜要自己到市场挑选，而花堂客栈提供了锅灶。

这样的幸福场景，犹如时光倒流，昨日重现。

遥想七八十年前，吴姓医生选择此地建别墅，必定是看了风水，算了卦的。小日子过得虽不像豪门贵族那么张扬，却是点点滴滴的快乐都流淌在心头。

1930 咖啡旅馆

地址：龙头路 245 号

鼓浪屿有太多的老别墅，因为主人没有显赫身世，也没闹什么绯闻，就这么在时光的苍茫里充当了隐士。然而，这几年隐士也不好当了，一个个都被请出山林，再现昔日的光华。

1930 咖啡旅馆就是重出山林的隐士。

这幢隐匿于龙头路最深处的别墅，建于 1930 年，它的原主人是个海外归来的侨商，它的新主人是上海来的一对年轻夫妇。很多人都不相信旅行能改变人生，那是因为人们通过旅行改变了视

1930咖啡旅馆天台一边眺望厦门，一边眺望日光岩

野，是无法测定的。但是，Air 夫妇与这对上海夫妇的经历则证明了旅行能改变人生轨迹，犹如禅宗的开悟，恍若看见前世和来生。

走在龙头路小巷里，根本无法想象 1930 咖啡旅馆楼顶天台上有那么开阔的视野：阳刚壮硕的日光岩近在咫尺，厦门东海岸的繁华楼群倒映于波光粼粼的鹭江里，挺拔的绿树错落于红色的屋顶之间。在这里品咖啡，吃西餐，吹海风，哪怕说的话都是凡尘俗事，人们也会将它叫作浪漫。

咖啡旅馆每个房间都有一个主题，涉及爱琴海岛屿之梦、北欧海盗

1930咖啡旅馆二楼阳台

的狂野、夜上海的荼蘼之声、老报馆的时光倒流……都是你在现实生活中踏破铁鞋无觅处的场景，而在这里得来全不费功夫。

这是一种迎合你的需要的商业设计，不过，你不能这样认为。你要将它当作你无比欢欣的邂逅，当作生命中的艳遇，这样你就会珍惜这一夜二夜三夜的滴答时光，演好无比短暂的浪漫剧的主角。

当你来到轮渡码头，要离开鼓浪屿时，你的回眸里不会有1930咖啡旅馆，然而，你的心中却弥漫着1930荔枝红的灯影。那是一场可以翻阅的梦境，在你拍走的照片里，在你不可救药的怀想中。

宾悦旅社

地址：安海路44号

宾悦旅社是成名较早的背包族客栈，它以便宜、简单、略有情调而受到欢迎。它的存在之所以重要，是因为它代表了鼓浪屿并不总是那么爱富嫌贫。只要你乐意停留，三五十元也可以在鼓浪屿度过一个迷人的夜晚。

位于三一堂边上的这个旅社，基本上是素面朝天，

宾悦旅舍

感觉就像家里要来客人了，主人赶紧将老屋打扫打扫，就在门口恭候你的光临了。然而，原来大户人家的排场还在。进了线条简洁的门楼，就是层层阶梯，阶梯两侧有苏铁、天门冬、扶桑和三角梅夹道欢迎你。院落里有一棵百年老榕树，长须飘拂，根部绵延着一大丛观叶植物，边上有石桌石凳，可以闲坐。

老别墅里的装修比较简易，除了一两个房间有独立卫生间外，其他房间的客人都要上公共厕所；没有电视，没有地方上网，甚至没有人说话，有点像大学里的老校舍；房间之间的隔板很薄，钢丝床躺上去会吱吱作响，基本上没有私密可言，不适合追求浪漫的情侣投宿。

在这里，你可以与陌生的同性同宿一室，用时尚的说法叫"拼房"。它其实就是一间青年旅舍，只是房子太老而已。

看在便宜的份上，看在好歹它是老别墅的份上，那些缺点就忍了吧！

琴海庄园

地址：鼓声路 2 号
延伸阅读："迷巷"之懒人与海贝壳工艺品店

在鼓浪屿寻找琴海庄园，是很考验智力和体力的。因为它在鸡母山的高处，无论从轮渡码头还是从鼓浪别墅码头抵达，都要走一段很曲折的路。熟门熟路的人估计也要步行 15 分钟才能抵达。

进了鸡山路，你的脚步必定会慢下来，一是有点累了，二是这里的幽径太美，尤其是通向琴海庄园的石阶，姹紫嫣红的三角梅伸出无数双欢迎的手，仿佛这条路通向的不是旅馆而是 4A 级景区。

像"播种了就会有收获，辛苦了必定有回报"这类老话是不会过时的。

当你有点气喘地站在琴海庄园的阳台上眺望，你的喜悦就会顺着茂密的林木绵延着，伸向大海，眼前的绿树、红瓦、碧海、蓝天都属于琴海庄园，都属于你。

毫不犹豫就住了下来，晨昏体会着三面看海，一面看山的惬意。多少次看过房地产商的虚假广告，什么无敌海景，离海还有五公里远呢！而琴海庄园躺在床上就看得见海上日出，八面来风的感觉多好啊！连山脚下的美华海滩、鼓浪别墅码头，大海那边的海沧港区，以及更远处的绵延起伏的山脉，都是你随时可以调阅的风景。

千余平方米的庭院里，有百年古树两棵：一棵是橡树，庄园地主朱三黑认定舒婷那首著名的诗篇《致橡树》就是望着这棵树写的；一棵是龙眼树，秋天结满了果实，像一枚枚音符，对门的殷承宗肯定曾在树下寻找过甜蜜和音乐灵感。总之，朱三黑希望琴海庄园能与名人搭上点关系。他在网站上郑重其事地写了邻居

琴海庄园

问题："左边一个叫殷承宗的邻居老是不停地弹琴，很吵；右边有一个叫舒婷的邻居一天到晚对着橡树念念有词，较烦。"钢琴大师殷承宗与琴海庄园为邻，此话不假；住在中华路上的舒婷说话再大声，也只是她老公听见，传不到800米之外的琴海庄园啊。

　　琴海庄园的前身是基督教会的牧师楼，是推倒旧楼重新盖的，所以没有旧韵可寻。不过，琴海庄园作为旅馆还是有很多可圈可点之处，且不说居高临下，坐拥天风海涛，旅馆里摆着三台钢琴也是创了纪录的，一台放在接待大厅，一台放在二楼拐角，一台放在三楼的贵宾套房里，营造了与钢琴大师为邻的高雅气氛，颇能吸引钢琴爱好者或殷承宗的粉丝前来投宿；琴海庄园一楼的多功能厅很大，既当会议室，又能当投影碟吧，算是家庭旅馆中颇为大气的配套设施。

琴海庄园坐拥波光山色

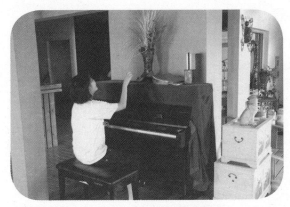

琴海庄园里有三台钢琴

庭院的龙眼树下有一把铁艺秋千椅，客人外出时，地主和地主婆就会坐在上面荡来荡去，这是一部具有传奇色彩的爱情剧的男女主角。地主是漳州乡下的，人如其名，三黑也；地主婆是上海姑娘，俊秀肤白，他们相识于肯德鸡店……朱三黑的魅力很令人好奇，他在考上厦门大学之前就做过好多梦，关于武侠，关于阿里山姑娘；大学毕业之后又做过许多梦，比如银行职员，比如贝壳店老板等等。

以前只听说过爱做梦的女人是可爱的，现在才明白爱做梦，并把梦变成现实的男人也很可爱。

缘中园

地址：复兴路 59—61 号

复兴路的起伏犹如音阶的高低，人走在上面有歌唱的感觉，那是南音的曲调，时而有悄悄的喜悦，时而有幽绵的怨叹。缘中园家庭旅馆在复兴路中段的高处，应属于比较欢快的乐章。

缘中园原为闽籍富商蔡氏所建，是 1928 年盖的老别墅，如今已经成了自助旅行者深深迷恋的一个驿站。

这幢老宅没有留下什么风流韵事，有的只是普通富人的悲欢，不会惹人遐想。它的好处是新主人挖掘出来的，比如庭院里有假山，有流水，有凉亭，中国传统的诗意就出来了。更绝的是，他将凉亭的地板弄成透明玻璃，流水与游鱼就在脚下活泼着，游荡着，铁石心肠的人坐在凉亭间也会柔情起来吧？

太湖石畔有藤椅、石桌；有茶具、茶点；有男女、老少。这样的场景，人们都管它叫作人间天堂。

缘中园的主楼有三层，楼外有双向石阶通向二楼的露台，石阶两旁摆了许多杜鹃、榕树盆景，与每层阳台栏杆上的盆景遥相呼应。二三楼的拱券长廊是住客休闲、聊天、读书的好地方，尤其是在三楼竟然可以望见远处八卦楼艳丽的圆顶，清风长送本已令人神清气爽，视野开阔更令人心胸豁然。

缘中园

房间布置简洁干净，有在亲友家做客的感觉。最大的房间是楼中楼，可以住一家子；小房间则只有转身之地，好在拱形窗户的透光量大，倒也没有了逼仄的感觉。喜欢怀旧的人可以选择有百叶窗的房间，在半明半暗的光影里怀想或思念。

缘中园恰好位于复兴路与福建路的交叉路口，沿福建路漫步三四十米就是海天堂构，那里有木偶戏、南音表演，有南洋风味的咖啡馆，是领略闽南文化的好地方；再往下走就到了龙头路，鼓浪屿最古早的小吃和最时尚的小店都汇集于此；喜欢看海的旅行者可以顺着复兴路往鹿礁路方向走，一路上请用目光触摸着锈迹斑斑的门窗、雕刻玲珑的屋檐、人去楼空荒草满壁的寂寥，你就会听见心海的涛声由远及近地传来，直到与真实的海浪奔腾在一起。

缘中园

后　记

　　与德为邻的人未必就能享有德的庇荫，与美为邻也未必能得到美的眷顾。其中的秘诀和关键在于我们是否对德仰视，是否对美有不可遏止的神往。

　　与鼓浪屿为邻的厦门人，可能一年 365 天没上过一次鼓浪屿，而许多热爱她的人却从千万里之外飞奔而来。

　　我庆幸自己生活和工作的厦门岛与鼓浪屿为邻，让我能在半年时间里轻易地去了 22 趟鼓浪屿。夜深了，我就不回厦门了，找个心仪的家庭旅馆住下。

　　我这么做，看起来是有目的的，表面上是为了写一本关于鼓浪屿的书，实际上是在期待鼓浪屿给我精神的庇荫与美丽的眷顾。

　　先后出版过 16 本书，让我感到最快乐的是写这本《鼓浪屿风光》。我怀念每个晨昏在鼓浪屿闲庭信步的惬意，怀念在那幢望海的小楼里与一个爱做梦的人不着边际的闲聊……我有意探寻鼓浪屿老别墅里有趣的故事，然而，我并不苛求，也不穷根究底。

　　爱与喜欢，都是很主观的感觉，正是靠着这样的灵性，我方能感知和重现那些已经消逝的人和事，了解进而理解他们的情感世界和人生追求。

　　然而，《鼓浪屿风光》作为社科丛书之一，我的这种主观色彩却成了文字的软肋。好在有文史学家黄猷先生、彭一万先生将这些软肋一一修炼成经得起敲打的硬骨头。在此谨向他们表达衷心的感谢。

　　只有一小部分软肋由于涉及我的行文习惯，不可改造，或者改造完就像整容后令人相见不相识的本人，才原封不动地保留着。在此，向给我指点的两位文史学家表示歉意，希望他们能理解我的坚持是源于一种无法释怀的自恋。

　　我相信，我们都爱鼓浪屿，只是爱的方式略有不同。

　　因为爱的方式不同，鼓浪屿的美才得以更充分的展现。

黄　橙

2009 年 12 月 11 日

图书在版编目(CIP)数据

鼓浪屿风光/黄橙著. —厦门:厦门大学出版社,2010.1
(厦门社科丛书·鼓浪屿历史文化系列)
ISBN 978-7-5615-3362-8

Ⅰ.鼓… Ⅱ.黄… Ⅲ.①区(城市)-风景区-简介-厦门市②区
(城市)-名胜古迹-简介-厦门市 Ⅳ.K928.705.73

中国版本图书馆 CIP 数据核字(2009)第 232584 号

厦门大学出版社出版发行
(地址:厦门市软件园二期望海路 39 号 邮编:361008)
http://www.xmupress.com
xmup @ public. xm. fj. cn
厦门集大印刷厂印刷
(地址:厦门市集美石鼓路 9 号 邮编:361021)
2010 年 1 月第 1 版 2010 年 1 月第 1 次印刷
开本:889×1194 1/32 印张:5.625 插页:2
字数:168 千字
定价:180.00 元(全套 10 册)
本书如有印装质量问题请直接寄承印厂调换